知らないと後悔する
生命保険のウソ・ホント25

宝島社新書

はじめに

生命保険は、とても不思議な商品です。生命保険の必要を感じて加入したとしても、他の商品のように今すぐ使うわけではありません。なかには加入後、30年、40年、さらには50年と長期にわたり契約し続ける保険もあります。個人が購入する商品のなかで、このような商品は生命保険と住宅ぐらいでしょう。さらに、日用品や生活家電、自動車などと違いその実態が見えないですし、そのありがた味さえ実感できない場合もあるのです。ですが、生命保険は常に加入者に寄り添い支えてくれているのです。

一方で、加入者はどうでしょう。定期的に加入した保険に向き合ったりしているのでしょうか？

「加入した保険は、そのままでいい」

とか、なかには、

「一度加入した保険は変えられないんでしょ？」

と思い込んでいる方もいらっしゃるようです。

実は生命保険も生き物で、暮らしの変化、社会環境の変化などにより、その時代時代に則した保険を選びなおす必要があるのです。

たとえば、20年後に着るための洋服を買って、その洋服を押し入れにしまい込む方などいないはずです。逆に、押し入れから20年前の肩パットの入った服とか、ボディコンの服が出てきても、それを着て出かける勇気のある方もいないでしょう。洋服は、身に付けるものですし、流行があるのでひと目で時代遅れであることがわかります。

また、洋服屋さんは、お客さんに気持ちよく買ってもらいたいため、たとえ似合っていなくても、

「似合いますよ」

とお世辞を言ってくる場合もあります。でも、いくらなんでも試着して鏡を見た瞬間、試着した本人は似合っているかどうかの判断は付きます。お世辞だと思えば買わないでしょうし、似合っていないと思えば自分が恥ずかしいから買うのを止めます。

でも生命保険は違うのです。自分で身に付けて鏡を見ることもできません。

「安いほうが得ですよ」

「この保険なら、保険料が高くならないですよ」

生命保険の場合、このように商品を勧められてしまうと、つい信用してしまいがちです。

でも、本当に保険に加入してよかったなと思えるのは、加入時ではなく死亡保険金が支払われる時なのです。それも、本人が実感できるのは医療保険などの限られた保険だけで、入院・手術などの医療行為を受け給付金を受け取れば、その保険の善し悪しを判断することができます。しかし、死亡保険などは、死亡保険金を受け取るときには加入者はすでに亡くなっているわけですから、遺族に役だったかどうかを知る由もありません。確かに加入時は、保険料が安くてよかったと思えるでしょう。ただし、受け取るときに後悔したくはありません。

自動車保険は1年単位で加入しますから、毎年さまざまな保険を変えて保障を試してみるのもいいかもしれませんが、生命保険はもっと長いスパンでの付き合いになるのです。そのためにも、自分の将来をよく考えて加入しなければなりません。常に、生命保険の存在を意識しながら、その時々で選びなおす必要があるのです。生命保険は、一度加入したからといって見直してはいけない訳ではないのです。

ところで、人はなぜ、生命保険に加入するのでしょうか？

生命保険に加入する理由は、もちろん人それぞれです。貯蓄の代用や、相続対策の方もいるでしょう。でもやはり、一番多い理由は人生のリスク回避ではないでしょうか。

人生のリスクには、
①万が一のリスク
②病気・ケガのリスク
③重い病気のリスク
④障害・介護のリスク
⑤長生きのリスク
と、大きく分けて、5つのリスクが挙げられます。

国も、国民をこれらのリスクから守るため、健康保険、雇用保険、介護保険、遺族年金、障害年金、老齢年金など公的保障を行なっています。しかし、公的保障だけで、万一の際にかかる必要金額のすべてがカバーできるわけではありません。これらの公的保障に上乗せする形で、民間の保険会社が必要なのです。

日本人なら生まれてから死ぬまでの間に、一度はなんらかの生命保険に加入したことがあるでしょう。しかし、保険のメリット、デメリットを正しく理解している方は、まだまだ少数です。

よりよい生命保険に加入して、人生のリスクを少しでも減らせれば、明るい未来を迎えることができるでしょう。そのためにも、生命保険を正しく理解する必要があるのです。生命保険を正しく理解していないために、いざ保険金が支払われる際に、

「そんなはずではなかった！」

といったことを起こさないためにも、本書では、生命保険にまつわる誤解を25の項目に分けて、わかりやすく解説しています。

せっかく、生命保険に加入するのですから、間違いのない保険を選びたいものです。

目次

第二章　アフターサービスのウソ・ホント

第三章　保険と税金のウソ・ホント

第一章　ライフステージと保険のウソ・ホント

1・結婚したら、死亡保険金の受取人を配偶者に変更した方がいいってホント？

保険に加入していた方が、生命保険の保障内容を見直すきっかけとなる最初の大きな出来事が結婚というライフイベントです。これまで、自分のことだけを考えて生きていればよかったひとり暮らしから、夫婦二人三脚で暮らしていく結婚。自分だけのことから、配偶者の生活にも責任を持つことになるのです。その第一歩として考えるのが、死亡保険金受取人の名義変更です。

独身時代に加入した生命保険の多くは両親を死亡保険金受取人にしています。そして結婚を機に死亡保険金の受取人を配偶者へ変更する方が多いのです。

でも、これって正しい判断なのでしょうか？

たしかに、死亡保険金受取人を配偶者に変更すると「配偶者の将来にも責任を持つ」ことになり、ひいては愛情の証明とも捉えられます。しかし逆にいえば、死亡保険金受取人の名義を配偶者に変えないと、「配偶者の将来に責任を持っていない」とも捉えられてしまうため、名義変更をせざる得ない雰囲気となってはいないでしょうか。

結婚後、死亡保険金受取人を奥様に変更した方の、このような例があります。

【事例1】

サラリーマンのAさん（32歳）は社内恋愛の末、B子さん（24歳）と結婚。Aさんの両親は、ふたりの門出と今後の幸せを祈って、ふたりに家を買い与えました。また、親が保険契約者となりAさんを被保険者として加入していた生命保険もAさんを保険契約者に変更し、死亡保険金受取人をB子さんに変更したのです。

ふたりは夫婦仲もよく幸せな結婚生活を送っていたのですが、会社の健康診断でAさんにガンが見つかってしまいました。まだ若いAさんのガンの進行は早く、あっという間に亡くなってしまいます。結婚2年目、B子さんはわずか26歳で未亡人になってしまったのです。

ここまでの話だとB子さんの悲劇としてだけ語

生命保険の必要保障額の推移

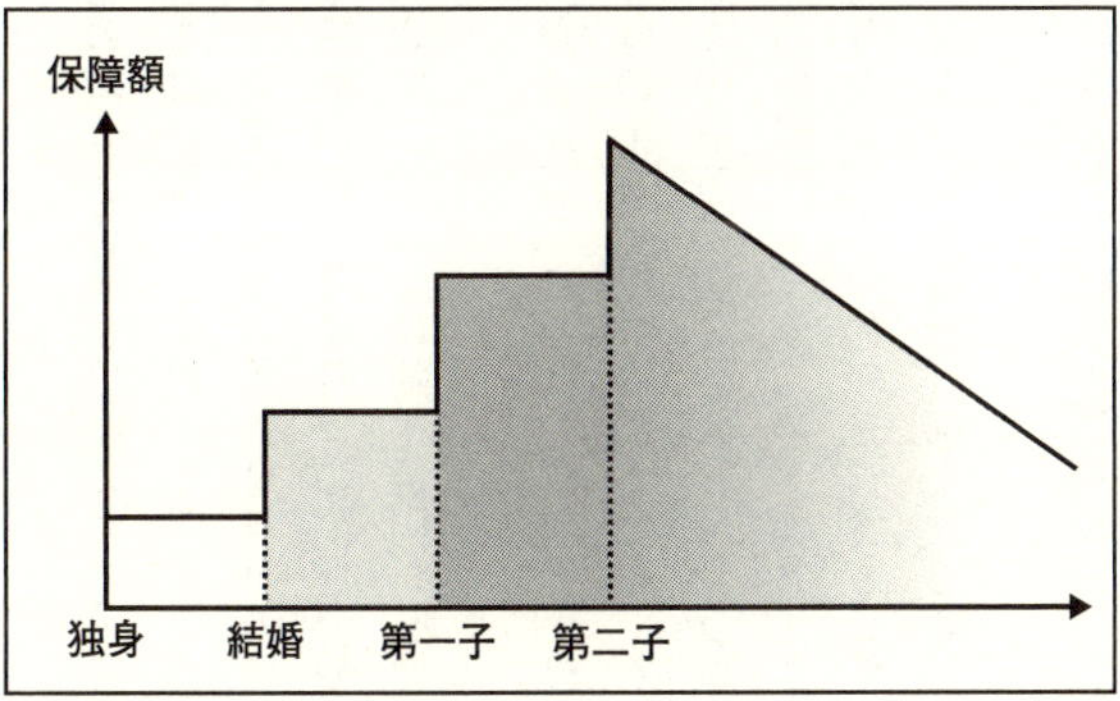

られる話ですが、ここからはAさんの両親の立場で考えてみましょう。

両親はAさんを育てるにあたって、限りない愛情と相当のお金を費やしています。一般的に、子どもをひとり育てるにあたって学費だけを考えても幼稚園、小学校、中学校、高校、大学すべて国公立の場合でも約1000万円、これがすべて私立だと約4000万円にもなるという試算もあります。しかも、学費以外に塾や習い事、そして日々の生活費やお小遣いなど、すべての費用を合計すると、子どもひとり育てるためには約1億円が必要になるといわれています。

たしかにお金がすべてではありません。ですが、Aさん両親は、これだけの費用をかけて子どもを育てあげたにもかかわらず、Aさんの財産の3分の1しか受け取れません。それに対して、配偶者のB子さんは2年の結婚生活で、Aさんの財産の内3分の2を受け取れます（法定相続分）。さらに死亡保険金は、受取人の固有の財産となるため全額B子さんが受け取れるのです。親の立場からすると、孫がいる場合なら、その孫の養育費として配偶者が財産を受け取ることへの抵抗感はありませんが、孫がいない場合は何となく腑《ふ》に落ちないでしょう。

B子さんが相続したAさんの財産のうち、住宅はAさんの両親が買い与えたものです。

さらに生命保険の掛金も、ふたりが結婚して名義変更するまでの期間はAさんの両親が支払っていたものです。両親とすれば、子どもに家や生命保険を与えたのは、ある意味自分たちの老後に対する『保険』だったかもしれません。しかし、実の子どもと一緒に、老後の保障もほぼ失ってしまったことになります。

対するB子さんにしてみれば、ご主人の残してくれた財産をありがたく頂戴し、今後の生活の糧にできます。お金は、いくらあっても困ることはないからです。

でも、よく考えて見てください。

結婚して籍が入った段階で、ご主人が亡くなると、ご主人の公的な保障はほとんど奥様に行ってしまうのです。遺族厚生年金、遺族基礎年金（18歳以下の子どもがいる場合）など、社会保障関係もすべて奥様の生活をカバーしてくれます。しかし、子どもを育てた両親には、結婚した子どもが死んでも、なんの社会保障もありません。

B子さんに対しては酷な言い方になるかもしれませんが、結婚してまだ2年で、子どももいません。そんなB子さんに、

「何もかも残してあげていいのですか？」

しかも、B子さんはまだ26歳です。女性の平均余命を考えれば、残りの人生は60年近く

あるのです。この残りの人生を「独身で過ごせ」というのは、まだ若いB子さんには酷な話です。この後、B子さんは当然のように再婚しました。

今度は【事例1】とは逆に、娘を持つ親の立場で考えてみましょう。

【事例2】

嫁に出した娘は入籍後、両親の戸籍から抹消され、苗字も変わります。ところが結婚したばかりの娘が、結婚半年で死んでしまいました。子どもはいません。この場合、嫁に出した娘の葬儀は、ご主人側が執り行ない、当然のように喪主はご主人が務めます。しかも、娘の遺骨はご主人側の墓に入れられるのです。でも、ご主人が再婚した場合を考えてみてください。再婚した新しい奥様も、一家のお墓に前妻が入っていれば、余りいい気分がしないものです。

さらに、娘の幸せを願って両親が保険料を負担して加入していた生命保険も、結婚後に死亡保険金受取人をご主人に変更していれば、死亡保険金を支払っていた両親には1円も還元されないことになってしまいます。当然、子どもがいないため、娘のための死亡保険金をすべてご主人が使ったとしても文句は言えません。せっかく支払った生命保険のお金も、両親からすれば無駄になってしまうのです。

このように嫁に出した娘が早くして亡くなると、一番寂しい思いをするのはご主人ではなく娘の両親かもしれません。そう考えると、結婚した途端に「死亡保険金の受取人を配偶者に変更する」というのが正しい判断といえるのでしょうか。

結婚して自分たち夫婦の未来を考えるのは当然のことです。さらに子どもが生まれると、我が子の将来を考えるのも当然のことです。でも、このとき自分をここまで育ててくれた親の老後を考えているでしょうか？

「年金があるから生活の心配はないんじゃない？」

そんなことは決してありません。自分たちの老後の資金を削っても子どもたちに、

「いい思いをさせたい」

と言うのが親心なのです。

「親には子どもを育てる義務があり、子どもは親に育ててもらう権利を有している」

と言う方もいますが、しかし、

「子どもには親の老後の面倒を見る義務があり、親は子どもに老後の面倒を見てもらう権

利を有している」

とも言えるのです。

たしかに、なかには両親とうまく行っていない親子関係もあるでしょう。ですが、よく考えてみてください。生命保険の勧誘を勧められる時に心地いい言葉が、

「子どもさんのために死亡保険金を遺しませんか？」

ではないでしょうか。

我が子のために、死亡保険金を残したいというのは、いつの時代も同じです。親として子を思う気持ちがあるのなら、子として親を思う気持ちも忘れてはなりません。

さらにこのような例もあります。

【事例3】

今度は、子どもを連れて離婚した奥様のケースです。

このような場合、別れた奥様はせめて死亡保険金を子どもに遺したいと思っている方が多いようです。その根底には、「もし自分に万が一のことが起こっても子どもだけは守りたい」という、子どもに対する愛情があるからでしょう。そのため、子どもを死亡保険金

受取人とした生命保険に入りたがるのです。

これって、本当に正しい考えなのでしょうか？

この奥様は、独身時代からキャリアを積み結婚後も働き続け、さらに産休を経てその後も働いていたため、それなりの給料をもらっていました。そのため離婚後、我が子を受取人に8000万円もの高額な生命保険に加入したのです。しかし、6歳の子どもを保育園に預けて仕事と家庭の両立は難しく、過労から体調を崩し亡くなられてしまいます。

この奥様の田舎に暮らす両親はとてもよい方々で、娘と別れたご主人を、わざわざ連絡を入れてまで葬儀に呼びました。両親からすれば、娘と離婚した男でしかありませんが、孫の父親です。娘が死んだのだから、せめて葬儀ぐらい来てほしいとの思いがあったのでしょう。この時、葬儀に現れた元ご主人は、子どもの親権を持って行ってしまったのです。離婚したからといっても子どもと血の繋《つな》がった親です。親権を持って行くことは法的には可能です。ただ、子どもの親権を持っていかれると、親権者の元に子どものすべての財産管理権がいくのです。

生命保険会社から支払われる死亡保険金も受取人本人に支払われますが、一般的に15歳までは印鑑証明が取れないため、代理として親権者に渡されます。

外国人女性と再婚していた元ご主人は、死亡保険金を受け取ると外国人妻と一緒に蒸発してしまったのです。亡くなった母親が子どものために残した死亡保険金はなくなり、この6歳の子どもは祖父母となる母親の両親と暮らしています。

もちろん、父親を訴えれば死亡保険金は返ってくる可能性があります。ですが、ここで言っておきたいのは、「なぜはじめから死亡保険金受取人を幼い子どもにしたのだろう?」ということなのです。子どもが幼いころには、いったん自分の両親を受取人に指定しておいて、子どもが成人した後に子どもに受取人を変更すればいいのです。こうしておけば、いくら子どもの親権が父親のものになろうとも、娘への死亡保険金が父親に渡る心配はなかったのです。

死亡保険金受取人の変更手続きは難しくありません。また、何度でも変えることができるのです。さらに、死亡保険金の受取人をひとりに限定する必要もないのです。たとえば、奥様を50パーセント、自分の父親を50パーセントという分け方もあるのです。また、子どもが生まれ、その子ども自身が死亡保険金を受け取れるまでは、お互いの両親を死亡保険金受取人とした生命保険に加入する手もあります。このような形態で夫婦が共に保険に加入しておけば、お互い「フィフティ・フィフティ」の関係となりませんか？

死亡保険金の受取人は固定するのではなく、自分たちの生活環境や状況に応じて、その時々に変えればよいのです。

2・転職して収入が減ったら、保険を減額するってホント？

人生におけるライフイベントのなかで、結婚についで大きな出来事のひとつが「転職」といえるのではないでしょうか。ただ一概に転職と言っても、様々な状況が考えられます。現在の就職先より高収入が約束される、ヘッドハンティングによる転職であればなんの心配もありません。また、すでに再就職先が決まっている方で収入が以前と変わりない方も、まず問題ありません。しかし、リストラや会社の倒産で転職を余儀なくされる方、また、会社を辞めて自営業になる方など、転職が収入減になりそうな方は将来設計を考えておく必要があるのです。

第一に考えておかなければならないのが、次に収入を得るまでの期間がどれくらい空くかということです。仕事を辞めて、失業保険が出ている間に再就職が決まれば収入減は少しで済みます。でも、再就職までの間に時間がかかり、まったく収入が途絶えてしまう方などは大問題です。

そうしたケースでは、再就職までの期間の生活費を、預貯金を切り崩して工面しなければなりません。さらに、再就職したとしても、収入が減る場合は、生活費を確保するために支出を見なおさなければならないのです。

ただ生活費を切り詰めると一口に言っても、家賃を切り詰めることはできませんし、水道光熱費などのライフラインは、大幅な切り詰めが難しいでしょう。そのため、一番俎上《そじょう》に上げられやすいのが生命保険の保険料なのです。

万が一の安心を買う保険は、生活費の中でその実態が掴み難いものです。そのため、生命保険の死亡保障額の見直しや、三大疾病保障保険などの生前給付保険の保障額の引き下げにより、生活費を確保しようと考える方が多いのでしょう。ちなみに、病気に対する不安感があるためか、医療保障は減額しない方が多いようです。

たしかに、月々の収入が減るわけですから、今まで通りに保険料を納めることが難しくなるのは当然ですが、でも果たしてそれでよいのでしょうか？

企業に務めるサラリーマンの多くは厚生年金保険に加入しています。それに対し、国民年金保険には自営業者やその家族、学生、無職の人などが加入することができます。厚生年金保険の加入者と国民年金保険の加入者では、どれ位の保障の差があるのでしょうか。

厚生年金保険の加入者の遺族には、遺族基礎年金と遺族厚生年金が支払われますが、国民年金保険では遺族基礎年金しか出ないのです。そのため、P24の「遺族基礎年金額と遺族厚生年金額」のように受け取れる額に違いが出ます。さらに、妻に対しては、遺族厚生年金では一生涯支払われますが、遺族基礎年金では18歳未満の子どもがいないと妻には支払われません。そのため、18歳未満の子どもがいても、その子が18歳到達年度末日で支給は停止されます。

この違いは、残された家族にとって、とても大きな差となります。このように国民年金加入者と比較すると厚生年金加入者のほうが保障としてより手厚い制度になっていると言えるのです。

そのため、転職後に厚生年金保険

遺族基礎年金額と遺族厚生年金額

◆遺族基礎年金（2014年度）

基本額:77万2,800円

加算額

・子どもが2人までひとりにつき:22万2,400円

・子どもが3人以降ひとりにつき:7万4,100円

◆遺族厚生年金（短期要件）

(平均標準報酬月額×7.5/1,000×2003年3月以前の加入月数＋平均標準報酬額×5.769/1,000×2003年4月以後の加入月数 ※)×1.031×0.981×3/4

※加入月数が300ヵ月に満たない場合は300ヵ月

・妻の年齢により中高齢寡婦加算(一律57万9,700円)、経過的寡婦加算もあり

の被保険者となるのか国民年金の被保険者となるのかで、将来設計も大きく変わってきます。

転職先で、今まで通り厚生年金保険に加入できるのであれば保障内容は今までと同じなのでおおむね問題はありません。新しい転職先が決まるまでの期間、国民年金に加入している期間が長ければ多少支給額が下がるだけです。

しかし、転職先で厚生年金保険に加入できないと、厚生年金保険から離れることになり保障額が下がってしまいます。そうなると死亡時に遺族が受け取ることができる年金額に大きな差が出るため、その減額分を埋め合わせる手立てが必要になります。ということは、転職にあたり生命保険料の保障額を下げるのではなく、逆に上げなければならないということなのです。ただ、厚生年金保険から国民年金に移行したとしても、それまで支払った厚生年金がゼロになる訳ではありません。厚生年金保険への加入期間が長ければ、受取額も多くなります。

また企業だと、退職一時金や企業年金といった社員の生活を考えた福利厚生がありますが、個人事業主は生活費とは別にこれらのお金も自分で蓄えなければなりません。さらに企業によっては、従業員の死亡退職金、弔慰金、遺族年金など遺族補償を用意している会社もあります。しかし、転職した瞬間にこれらの権利はなくなってしまうのです。たとえ転職先の企業に、同等の遺族補償制度があったとしても、中途入社で勤続期間が短いと、受け取る金額が少なくなり、一定期間以上勤めていないと、その権利が得られない場合もあります。

このように企業を離れることによって、失われる保障もあるのです。

次に公的医療保険から見てみましょう。現在の公的医療保険は、国民健康保険でも、健保組合や共済組合でも、本人負担額は3割なので一見大きな差はないように思えてしまいます。しかし健康保険組合がある企業では独自の給付制度をもっている場合もあり、辞めてしまうとそうした給付も受けられなくなります。

さらに、休暇制度も各企業により違いが大きいので留意が必要です。一概に言えないかもしれませんが、企業によっては勤続年数が長くなると長期の有給休暇を取ることができる制度があります。万が一、体調を悪くして長期の入院を余儀なくされた場合でも、この長期有給休暇を利用し、会社を欠勤することなく治療に専念できるのです。

【事例】

48歳で前の会社を早期退職されたDさんは今の企業に転職して4年目。しかし現在は病気療養のため入院生活を余儀なくされています。Dさんの年齢は52歳ですので、社会人としては30年のキャリアを持っていますが、この会社ではたった4年のキャリアしかありません。そのため、保有しているわずかな有給休暇はとっくに消化し、現在は欠勤扱いとなっています。もちろん、収入も減ってしまいます。

ちなみに、とある企業では、有給休暇が年間20日あり、その有給休暇を40日まで貯めることができるそうです。この企業だと年間最大40日までの入院ならば欠勤扱いにならなくて済みます。ただし、この会社でも勤続年数の短い若手社員には、休暇制度で付与される有給休暇は少ないため、長期入院だとすぐに欠勤扱いとなってしまいます。若いうちは交通事故でも起こさない限り長期入院するリスクも低いですが、ベテラン社員はそうはいきません。しかも、中途採用された入社歴の浅いベテラン社員ほど、そのリスクは高くなります。Dさんのような転職組のベテラン社員が大病を患うと長期欠勤になってしまうのです。

ここで言いたいのが、

「転職した時に収入が減ったからと言って、生命保険を本当に辞めていいのですか?」と言うことなのです。

よく考えて下さい。生命保険は、有り余るお金を持っている方には必要ないものです。死亡のリスクや介護のリスク、様々なリスクに対して「お金がないと怖いから」と保険に入るものなのです。日々の生活が苦しくなるレベルまで収入が減ってしまった場合は、保険の解約や保障の見直しをして保険料負担を減らすのは致し方ありません。

しかし、「転職の収入減に備えて、保険料を減らしておこう」などと、将来の生活を左右する保険を安易に減らす方向になびいてしまうのではなく、本当に減らしてもよいのか十分に検討する必要があるでしょう。

転職に関して言えば、このようなリスクもあります。

国を護る大切な仕事である自衛隊員は危険な仕事と思われがちですが、自衛隊は事故などに対して最大限の注意を払っているため事故率は低く、パイロットなど特別な業務に就いている方を除けば比較的安全な職業でもあるのです。このような自衛隊員の中には、大型免許を取られてトラック運転手等に転職される方も多いようです。

しかし、転職しようとするトラック運転手は事故率が高いため、入院保障などには職業規制が入っているのです。この職業規制は各保険会社によって多少の違いがありますが、おおむね危険を伴う職業に対しては、生命保険の加入にあたり死亡保障や入院保障の補償金額に制限が設けられているのです。

ただ、面白いことに前職時代に加入した保険は、危険な職種に転職したとしても支払いを拒否されることはありません。一度加入した保険は、仕事が変わっても職業規制の対象とはならないのです。

3・共働きであれば、大きな保障は必要ないってホント？

生命保険の必要性に関しては、今や誰も疑う方はいないでしょう。

公益財団法人生命保険文化センターの平成25年度生活保障に関する調査によれば、男性の82・1パーセントがかんぽ生命を含む民保（民間の生命保険）や簡保（郵政民営化以前に日本郵政公社などが行なっていた）、JA（全国農業協同組合）、生活協同組合の全労済のいずれかの保険に加入しているのです。この数字からも、世帯主のおおよそ80パーセント以上の方が、生命保険の必要性を認めていると言えるでしょう。

ただ、どのような保険に、どのぐらい入ればよいのかまで理解している方は少ないようです。

同調査では、男性の生命保険における死亡保険金の加入額は1882万円となっています。ただ、この金額だけを聞くと、

「そんなに大きく加入しているんだ」

と思われる方も多いでしょう。

しかし、1882万円はたしかに高額ですが、この金額で遺族はどれくらい暮らしてい

けるのでしょうか？

実は、

「このくらいの保険に入っておけば絶対安心です」

という数字も出ています。

同調査によると、

「世帯主に万が一のことがあった場合に遺族生活費としていくらくらいの死亡保険金が望ましいか」

との質問に対しての回答額の平均を取ると男性では３１７２万円になり、死亡保険金の平均加入額１８８２万円と比較すると、実に１２９０万円も不足してしまうのです。

そのため、

「このくらいの保険に入っておけば絶対安心です」

と言われたとしても、

「保険料負担がこんなにも大きいです」

と言われているようで、首を寂しく横に振るしかありません。

では、生命保険を販売する保険会社は、遺族の生活にかかる資金を、どのようにして算出しているのでしょうか？

下段の「遺族生活資金の計算方法」を見てください。

このように遺族生活資金は、家族の生活資金と妻の生活資金を個別に算出して合計したものです。ただ、ここで算出した金額は、日々の生活費が中心です。

昭和の終わりから平成にかけてのバブル経済華やかなりし時代には、この数字に「子どもの教育費」「結婚費用」「住宅資金」「緊急予備資金」を加算して必要保障額としていた時代もありました。ここまでは全部足す項目です。ただ、この金額だと、すべての方の遺族生活資金が1億円近くの金額になり、中には1億円を超えてしまう方もいたようです。

今では、1億円を超える必要保障額など現実離れした数字としか映りません。そこで今の流行りはマイナスなのです。

遺族生活資金の計算方法

遺族生活資金＝①家族の生活資金
＋②妻の生活資金

①家族の生活資金＝月間生活費×0.7×12ヵ月
×（22歳－末子の年齢）
②妻の生活資金　＝月間生活費×0.5×12ヵ月
×末子大学卒業時の妻の平均余命

バブル経済が弾けたあと、各個人個人の理想とする将来像を思い描き、その将来像を達成するために必要となる資金をどのように調達するかを考え設計する、ライフプランニングの考え方が導入され、新たな遺族生活資金を算出するようになったのです。

以前の算出方法で計算された金額から、公的保障の、❶「遺族年金」、❷「配偶者が受け取る老齢年金」、企業に勤めていた方の遺族が受け取れる、❸「死亡退職一時金」、❹「遺族年金（企業分）」。さらに、現在の預貯金と、❺「配偶者の収入」も差し引くようになってきています。

たしかに、色々な金額をマイナスされると、

「保障額は、そんなに必要ないので、この程度で十分ですよ」

と言われているようで、多くの方が安心できる金額となるのです。

でも、その言葉を鵜呑みしてもいいのでしょうか。保険に加入するのはあなたなのですから、その内容を十二分に吟味する必要があるのです。

公的保障の「遺族年金」「配偶者が受け取る老齢年金」、企業に勤めていた方の遺族が受け取れる「死亡退職一時金」「遺族年金（企業分）」は確実に支給される額ですし、さらに、現在の預貯金残高も銀行に預金されている残高なので、その金額は確定しています。

しかし、❺の「配偶者の収入」はいかがでしょうか。奥様が共働きで収入があるからといって、ご主人の死亡保障額は下げてもいいのでしょうか？

お金に関する、「安くなる」とか「下げられる」などの言葉は、人に心地良い言葉の響きがあり、人はつい条件反射のように、その言葉に飛びついてしまいがちです。しかしながら、本当に大丈夫なのでしょうか？

夫婦で稼いでいるご家庭は、夫婦の所得を前提に生活が成り立っているものです。よくあるケースとして次のようなことがあります。

【事例】

共働き夫婦が住宅購入を思い立ちました。家のローン返済には奥様の収入も組み込んでいるにもかかわらず、奥様が働いて収入があると聞けば、不動産屋さんは、

「奥様にも収入があるのですから、もうワンランク上の家を買いませんか？」

と勧めてくるのです。

ただ、この夫婦の場合、夫婦の収入を合わせても、もうワンランク上のローン返済は不可能です。すると不動産屋さんは、

「奥様がずっと働くのであれば、将来にわたって安泰です。そこで、ご主人の生命保険を減額しませんか？　その下がった分をローンの足しにすればワンランク上の家が買えますよ」

と言うかもしれません。

たしかに、奥様が働き続ければ、この計算も成り立ちます。さらに、万が一ご主人に不測の事態が起こった場合も考えてみましょう。住宅ローンで家を買う方はおおむね、住宅ローンに団体信用保険が組み込まれています。そのため、ご主人がお亡くなりになれば住宅ローンは精算されるのです。住宅ローンさえなくなれば、奥様も働いていますし、ご主人の死亡保険金が少なくても遺族の生活は成り立つでしょう。でも見方を変えるとどうでしょうか。

ここで、女性の就業状況を確認してみます。内閣府が調査した「男女共同参画白書」等（36ページ参照）によれば、女性の労働力はすべての年代において、時代とともに向上しています。保障が必要となりやすい、保障中核層と言われる45～49歳の労働力率はなんと75・8パーセント（2010年度）もあるのです。実に4人に3人が働いているのです。

雇用形態別に見た
雇用者の構成割合の推移（役員を除く）

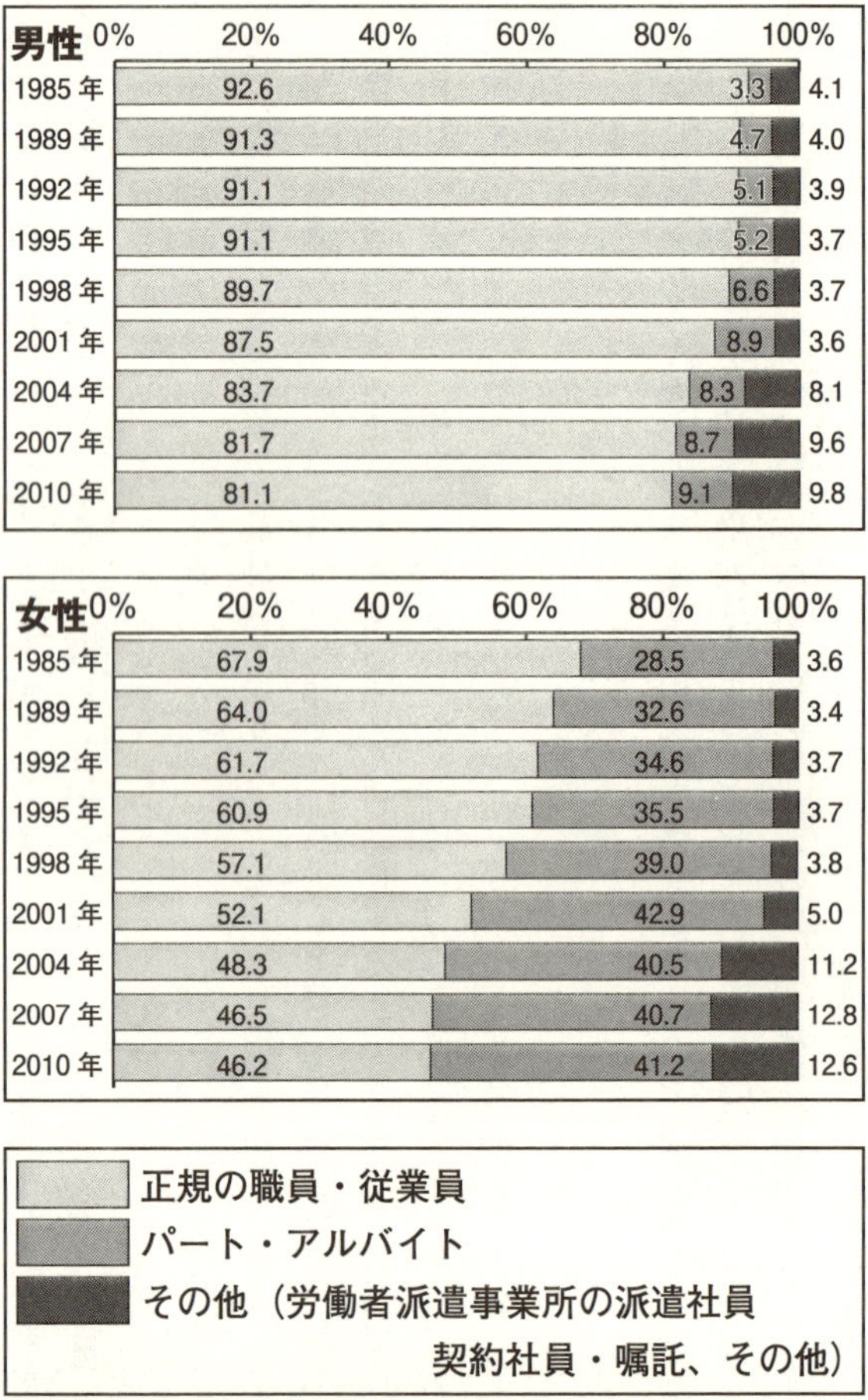

出典：内閣府「男女共同参画白書」
1985年から2001年は、総務省「労働力調査特別調査」より、
2002年以降は総務省「労働力調査（詳細集計）」より作成

結婚している女性だけに絞り込んでも73・2パーセントと大差はなく、共働きが当たり前の時代になったと言うことがわかります。

しかし、女性の就労形態を見れば、また違った一面を見ることができるのです。同じく2010年の統計での、女性の正規従業員はたった46・2パーセントしかいません。さらに平均年収が300万円以下の方が67・7パーセントにも上るのです。その要因として考えられるのが、結婚、出産、育児というライフイベントのなかで、子育てをしながら女性が正規従業員としてフルタイムで働くことの難しさです。そのため、パートやアルバイト、派遣社員として就労せざるを得なくなっているのです。そこにはもちろん、ご主人の配偶者控除から逸脱しないために就労制限をしている主婦が多いこともあります。さらには、男性が子育てに関与しないという日本的な要因、保育園の待機児童の問題、核家族化が進み、親に子どもを預けて働けないという一面もあるのです。

世帯主の必要保障額から、奥様の収入を控除するには、奥様の収入が生涯にわたって維持される必要があるのです。

たしかに、公的な遺族保障も、国の制度が変われば、どう変わるかわかりません。

ご主人の会社の企業保障もあるかどうかもわからないですし、預金だって経済の変動によりその価値は変化します。また生活物価により、月々の生活費でさえ確定とは言えないのです。

このように考えると、この必要保障額の計算は、不確定要素の多い計算になってしまいます。もちろん、奥様が仕事をずっと続けられる保証はありません。

それなのに共働きだと言う理由だけで奥様の収入を計算に加えていいのでしょうか？奥様が働いている家庭は、生活レベルが高くなっているケースが多いとも言います。もし、ご主人が亡くなったとき、その生活レベルを下げることはできるのでしょうか？

ただ、共働き夫婦で子どももなく、さらに夫婦ともに年収が高い、ＤＩＮＫＳ（Double Income No Kids）のような家庭なら大きな保障は必要ないでしょう。しかし多くの家庭では、奥様の収入を必要保障額から差し引くのは止めたほうが無難です。

「共働きであれば、大きな保障は必要ない」

とは言い切れないのです。

4・専業主婦には大きな保障は必要ないってホント？

死亡保障は、生命保険に入る際に最も重要視される項目です。必要保障額は、世帯主の死後、残された遺族が暮らしていくには、どれくらいのお金がかかるかによって算出しなければなりません。この遺族生活資金は、それぞれの家庭の収入が基準となって計算される「収入の保障」と考えればわかりやすいでしょう。

夫婦共働きの家庭では、ご主人の年収＋奥様の年収＝家庭の年収となります。当然、専業主婦の家庭では、ご主人の年収＝家庭の年収となるのです。

この専業主婦の家庭で、ご主人が亡くなられたとします。この場合は、ご主人の年収が必要保障額の算出基準となり、ご主人の年収の何パーセントがあれば家族の生活が賄えるかを考える必要があるのです。では逆に奥様が亡くなられた場合はどうでしょう？　奥様は専業主婦のため、収入は一切ありません。すると、

「無収入の奥様なら収入の保障が必要ないので、死亡保障は必要ありません」

というロジックが成り立ち、表題の「専業主婦には大きな保障は必要ない」は本当だと言えるのですが、果たしてそうでしょうか？

企業においても、製品を作り、販売してお客様から金銭を受け取る製造や営業に対して、直接企業の収益には直結しませんが、企業を内部から支える経理や総務といった部署があります。家庭における主婦の立場はまさしく、企業における経理や総務と同じなのです。いくら製造が優秀な製品を作り、営業が商品を売りさばいたとしても、経理や総務がなければ企業は成り立たないのです。

家庭も同じです。奥様の仕事は、家事、炊事、洗濯、子育ての他に、家族の健康管理、さらにPTAや自治会、子ども会等の地域活動従事など、その仕事は多種多様なのです。このように奥様が家庭を守っているからこそ、ご主人は気兼ねなく外で働き、収入を得ることができます。ご主人が稼いでいる収入を企業における収益と考えれば、ご主人の収入の一部は奥様の収入でもあるのです。しかし、家庭における奥様の働きは正当に評価されることが少ないのが現実です。ご主人方は、自分の奥様の働きを自分の収入の何パーセントと評価するでしょうか。

さらに別の角度から見てみます。

あなたが交通事故の被害者となった場合を想定してみてください。

損害保険会社には、損害保険により被害者に対する保障額を算出するための計算式があります。この計算式では被害者が、生きていれば将来どの程度の収入を得ることができるのかという逸失利益を算出します。この逸失利益を算出する基になるのが被害者の収入の認定なのです。

ご主人が被害者なら、年収からすぐに逸失利益は計算できますが、奥様の場合は収入がありません。そこで、

「奥様には収入がないので、交通事故で死亡されても保障はありません」

などと言われて、納得できる方がいらっしゃるでしょうか。

もちろん、このようなことは起こりえないわけで、実際には原則として「全年齢平均賃金」や「年齢別平均賃金」を参照して保障額を算出します。例え、収入がない専業主婦であっても、就業している方と同様の死亡保障を受けることができるのです。

では実際、専業主婦の死亡保障額はどれくらいの金額を想定すればよいのでしょうか。

専業主婦の死亡保障額の根拠として以下のものが挙げられます。

「葬儀費用」「死後整理金」「ベビーシッター代」「ホームヘルパー代」「遺族への気持ち」などです。

このなかで、「葬儀費用」「死後整理金」は、葬儀の規模にもよりますが、おおむね30

性別、年齢階級別賃金（月額）　単位：千円

年齢階級（歳）	男性	女性
年齢計	328.3	227.6
20～24	199.8	189.5
25～29	236.8	215.0
30～34	278.4	230.7
35～39	322.0	241.9
40～44	370.5	247.6
45～49	409.2	249.1
50～54	417.2	245.4
55～59	392.2	231.3
60～64	283.2	206.1
65～69	264.6	198.6
平均年齢（歳）	42.1	39.6
勤続年数（年）	13.3	8.9

（注）年齢計には上掲の年齢階級に限らず、すべての年齢階級を含む出典：厚生労働省「2010年賃金構造基本統計調査」に基づき作成

0万円〜500万円くらいでしょう。

次に「ベビーシッター代」と「ホームヘルパー代」ですが、これが意外と高額です。普段は、専業主婦の奥様が務めていますので、お金がかかる心配はありませんが、いざ外注すると驚きの金額になります。どちらも時給1000円〜1500円で、仮に安い時給1000円で計算しますと、

1000円×1日8時間×月20日間＝16万円
月16万円×年12ヵ月＝192万円

となります。生まれたばかりの赤ちゃんを残して奥様が亡くなられると、子どもが小学校を卒業するまでの12年間で、少なく見積もっても2400万円近く必要になるのです。

この金額はベビーシッターやホームヘルパーの場合です。専業主婦の方を同列で計算すると怒られるかもしれませんが、念のため時給1000円で計算してみましょう。専業主婦の1日の労働時間は8時間どころではありません。また、労働日数も月20日などではなく、年中無休です。すると、

1000円×1日12時間×365日＝438万円

この数字を見ればわかる通り、ご主人は奥様への感謝を忘れてはなりません。この金額

を奥様に支払っても、あなたは生活を成り立たせることができるでしょうか？
次にこのような例を御覧ください。

【事例1】

都内の幼稚園に通う女児のお母さん（41歳）の話です。ご主人（45歳）は、グラフィックデザイナーの仕事を自宅で営む自営業者です。奥様は幼稚園に通うお子さんを幼稚園に送り届けたあと、掃除、洗濯を慌ただしく行ない、さらに買い物に出かけるのが日課でした。しかし、その日に限って、仕事場にいるご主人に漏れ聞こえてくるはずの電化製品の音がしないのです。たしかに娘を送った後、帰宅した「ただいま」の声は聞いたので、自宅にいるのは間違いないようです。ふと、気になったご主人が様子を見に行くと、奥様がベッドルームで倒れていたのです。慌てて救急車を呼ぶご主人。奥様の病名は脳梗塞で1週間後に帰らぬ人となってしまったのです。

この家族が大変なのはここからでした。

広島県在住のご主人の父親は寝たきりで、その介護のため母親は広島を離れるわけにはいきません。そのため、奥様の母親に応援を頼みました。しかし先立ってしまった娘への悲しみと、孫の世話で心労が溜《た》まったのか、奥様の母親も倒れてしまいます。

こうなると、ご主人が娘の世話から炊事、洗濯、掃除など家事も兼務しなければならないのです。娘を幼稚園に送った後に家事をこなし、幼稚園から帰ってくると娘の遊び相手。さらに、夕食の支度からお風呂の世話まで。そのため仕事はもっぱら夜中にすることになり、娘が家にいる間はまったく仕事ができない状態になってしまいました。

ご主人の疲労も溜まり、受けられる仕事量は減ります。クライアントも次第に離れていき、年収はガタ落ちです。しかも奥様は生命保険に加入していなかったため、たちまち経済危機に直面してしまったのです。


このように、幼い子どもがいる家庭で奥様に先立たれると、ご主人の仕事にも支障を来すのです。この方は自営業者でしたが、企業に勤めるサラリーマンでも状況は似たようなものでしょう。

実際に、父子家庭の父親に話を伺うと、保育園で子どもが病気や怪我《けが》をしても会社を抜けられないことがやはり多いようです。その時は、保育サービスやベビーシッターをお願いして対処するようですが、それにはお金が必要になってきます。

また、やはり父親だけで子育てをしながら会社で働くことは非常に難しく、実家の両親に頼っている方が多いようです。ただ、自分の居住地と実家が近くにあるのであれば問題ないのですが、居住地が離れていると、実家の近くに引っ越さないと生活ができなくなるのです。

全国規模の企業で、以下のようなふたつのケースがあったそうです。共に幼い子どもを持つ30代の父親で、ひとりは交通事故、ひとりは病気で奥様を亡くされました。この企業は社員の希望に沿って、全国に展開する支社への転勤を認めています。

そのため大阪出身の方は、大阪支社への転勤希望が認められ、実家から仕事に通っています。平日の子育ては両親に任せ、仕事に没頭でき、休日は家族仲良く過ごせています。

この方の場合は大阪出身だからよかったのですが、もうひとりの方は、北海道の旭川市出身でした。この企業は誰もが名前を知るくらいの大企業ですが、旭川市に支社はありません。自宅の最寄りの支社は札幌支社のため、通勤するには遠すぎたのです。

この方は、旭川市に帰り、転職を余儀なくされました。同じ企業の社員でも、人生は大きく左右されてしまいます。

ご夫婦の判断が人生を左右した例で、このようなケースもありました。

【事例2】

福岡県出身のサラリーマンのご主人（35歳）と、新潟県出身の専業主婦の奥様（32歳）の例です。ご主人は、東京の企業に勤務し、親に買い与えてもらったマンションで3歳の長男と奥様との3人暮らしです。

奥様は、OL時代に3000万円の生命保険に加入していました。しかし結婚を機に寿退社したため、保険料の支払いが難しくなったのです。そこで、ご主人に生命保険の減額を相談したところ、ご主人はこう言いました。

「うちは住宅ローンがないから、生命保険を住宅ローンだと思って支払っていこうよ」

このご主人の判断は正しかったのです。その後、奥様に乳がんが見つかりますが、発見がすでに遅く半年後にお亡くなりになりました。

ご主人も、子どもを抱えひとり東京では暮らせないため、会社を辞めて福岡に帰る決断を下します。しかし運良く、福岡支社に転勤させてもらえることとなり、会社を辞めずに済みました。企業側も、ご主人の仕事ぶりと人望を惜しんでの判断だったようです。

でもこの時、ご主人は会社を辞めたとしても、福岡に帰るしか方法がなかったのです。

そこで、会社を辞めて福岡に帰ることを想定してみます。

東京の企業と、大都市福岡とはいえ地方の企業とでは給料の格差があります。このご主人の場合は実家で暮らすため、家賃やホームヘルパー代はかかりませんが、両親の老後の心配もあるため、そうそう給料の安い会社に転職するわけにはいきません。でも、ここで奥様の残してくれた３０００万円の死亡保険金が役立つのです。

ご主人は、現在35歳なので、定年が65歳に延長されれば、あと30年ほど仕事をしなければなりません。奥様の残した３０００万円を30年で割ると年間１００万円使えます。ということは、今より１００万円少ない年収で今と同等の暮らしができるのです。そう考えれば、転職先の候補も増え無理なく転職することができたでしょう。奥様の死亡保険金があればこそ、転職して年収が下がってもやっていける計算が成り立つのです。

しかし運良く、転職は回避され、給料も現状が維持されました。すると今度は、この３０００万円を、子どもの学費に当てることができるのです。お母さんの残したお金で、大学までは心配なく行かせてあげられ、子どもに対するお母さんの思いを活《い》かすこともできるのです。

そのためにも、子育て世代の女性こそ生命保険に入っておくべきではないでしょうか。

推計ですが、現在日本に母子家庭は約120万世帯、父子家庭は20万世帯あるとされています。厚生労働省の「2006年度全国母子世帯調査」（50ページ参照）では、父子家庭の労働調査も行なわれました。

父子家庭の父親の97・5パーセントが就労しています。このうち「個人事業主」が16・5パーセント、「常勤雇用」は、72・2パーセントとなっています。ただ、常勤雇用だった父親の5パーセントの方が、ひとり親になったのち、契約社員などの非正規雇用に変更しているのです。この数字からも、実家の両親などの生活支援が得られない方にとって、常勤雇用を維持することが難しかったのではないかと考えられます。さらに、非正規雇用になると収入面でも厳しい現実が待っています。

このようなデータをみると、

「専業主婦こそ、大きな保障が必要だ」

と言えるのではないでしょうか。

ただし、生命保険は残された遺族の大切な生活資金です。専業主婦が亡くなられて一番困るのは、子育て期間なのです。さすがに子どもも中学生になれば、ひとりで留守番もで

父子家庭におけるひとり親等の困っていることの内訳

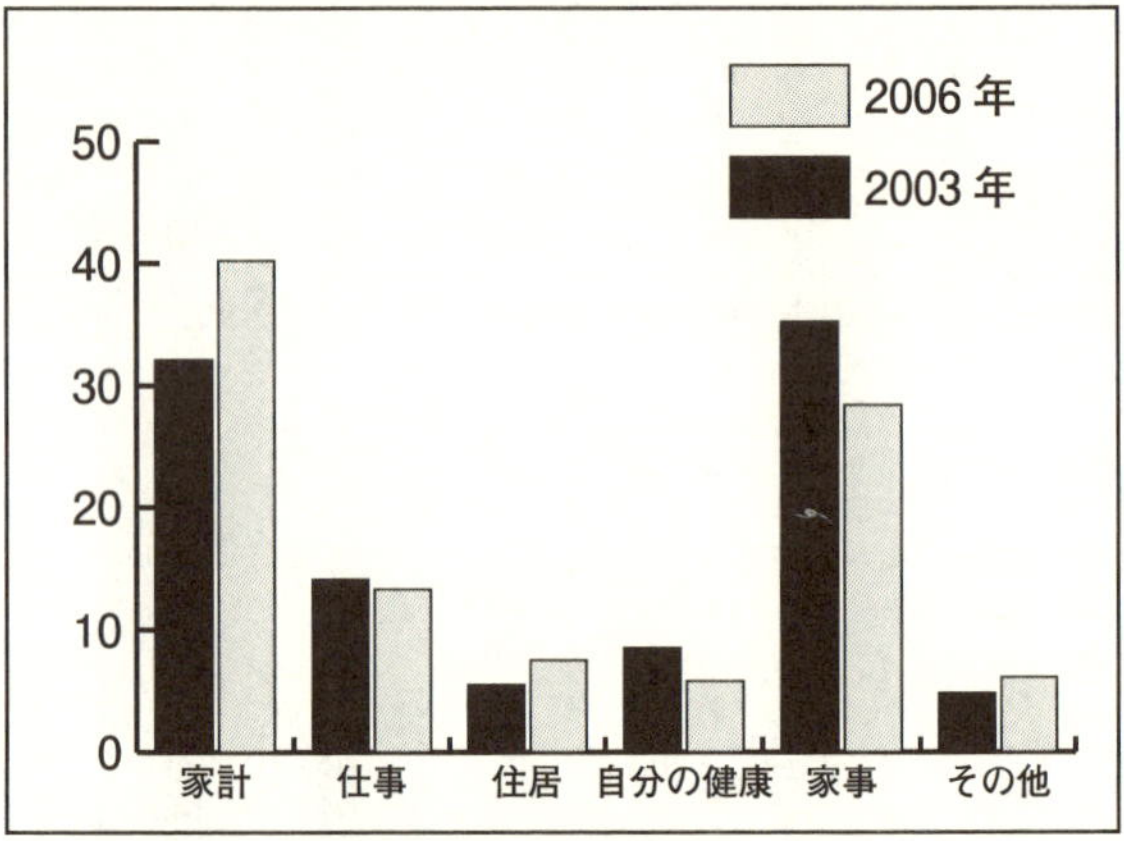

厚生労働省「2006年度全国母子世帯等調査」を基に作成

専業主婦の必要保障額

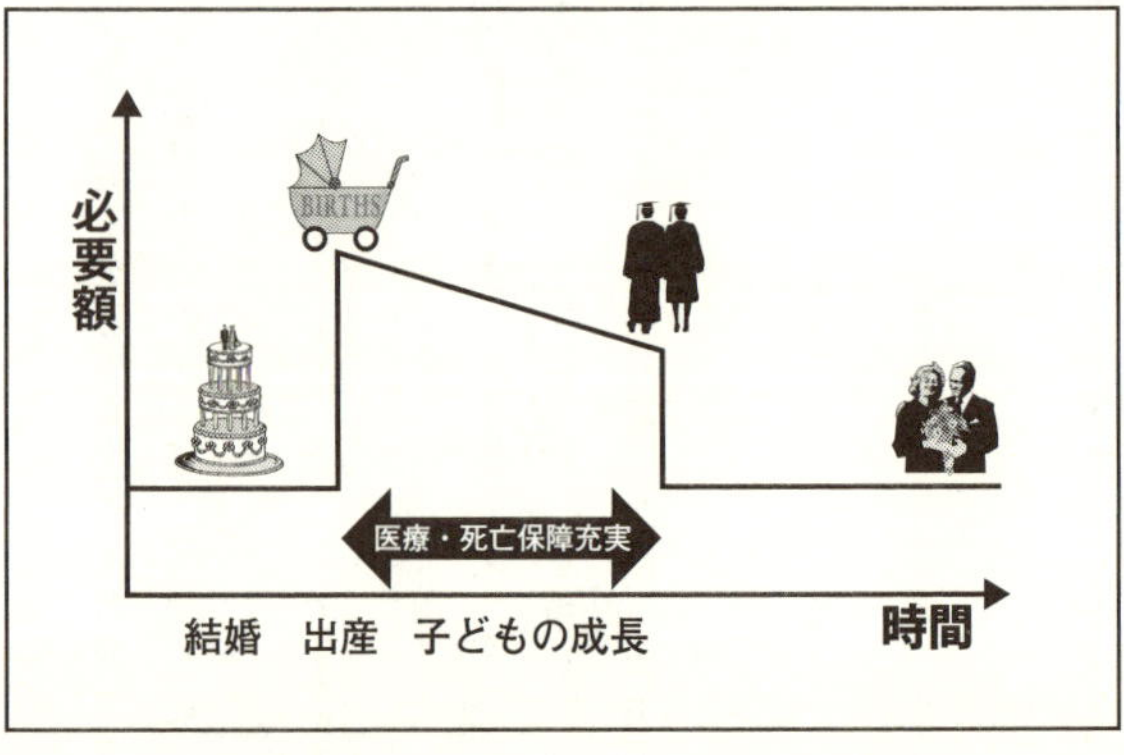

きれば、家事の手伝いもできます。子どもが中学生以上になれば、あとは学費の心配が中心になります。さらに子どもの学業が終われば、生活保障がなくてもご主人の収入だけで生活ができるはずです。ですからせめて、子育て期間だけでも、専業主婦の死亡保障を上げておくべきなのです。

「専業主婦には大きな保障は必要ないので保険を下げませんか」

とのセールストークは、当の専業主婦にも受けがいいのです。

たしかに女性の方が男性より勤労世代の死亡率は低いのですが、子育ての最中に亡くなられる奥様たちはいるのです。このことだけは、肝に銘じてください。奥様が亡くなられたあとで、苦労するのは愛するご主人と子どもたちなのですから。

5・更新型の保険は損をするってホント？

保険は、公的保険、生命保険、そして損害保険と大きく3つに分けられます。その3種類の保険それぞれに、また様々な種類の保険があり、その契約内容も多種多様です。保険は複雑だと言われる所以《ゆえん》です。

ここで、生命保険のおさらいをしてみたいと思います。

生命保険は、「死亡保険」と「生存保険」に大別されます。

死亡保険は、被保険者が死亡のときに死亡保険金が支払われるしくみとなっています。もう一方の生存保険は、耳慣れない言葉かもしれません。こちらは、被保険者が保険期間満了時まで生存していた場合のみ保険金が支払われるしくみとなっています。ただ、死亡保障のない生存保険は日本で販売されていませんので、聞き覚えがなくて当たり前なのです。

この死亡保険と生存保険を組み合わせたタイプが生死混合保険と言われる保険です。この生死混合保険という名称にも馴染みが少ないと思いますが、その内容はとても身近な保険です。

被保険者が保険期間中に死亡した場合には死亡保険金が、満期まで生存していた場合には満期保険金が支払われる保険です。その典型となるのが養老保険と呼ばれる保険です。おそらく、どこかで耳にしたことがあるかと思います。

また、死亡保険のうち、保険期間が限られた一定の期間を保障する「定期保険」。保険期間を一生涯とした保険が「終身保険」なのです。では、一定期間を保障する定期保険と、一生涯を保障する終身保険にはどのような違いがあるのでしょうか。

一番大きな違いは、その支払う保険料です。同額の死亡保険金で設定した場合、終身保険の方が定期保険よりも支払う保険料が高くなるのです。

死亡保険の保険料は一般的に、「予定利率」「予定事業費率」「予定死亡率」を基に計算されます。

死亡保険と生存保険の受取りイメージ

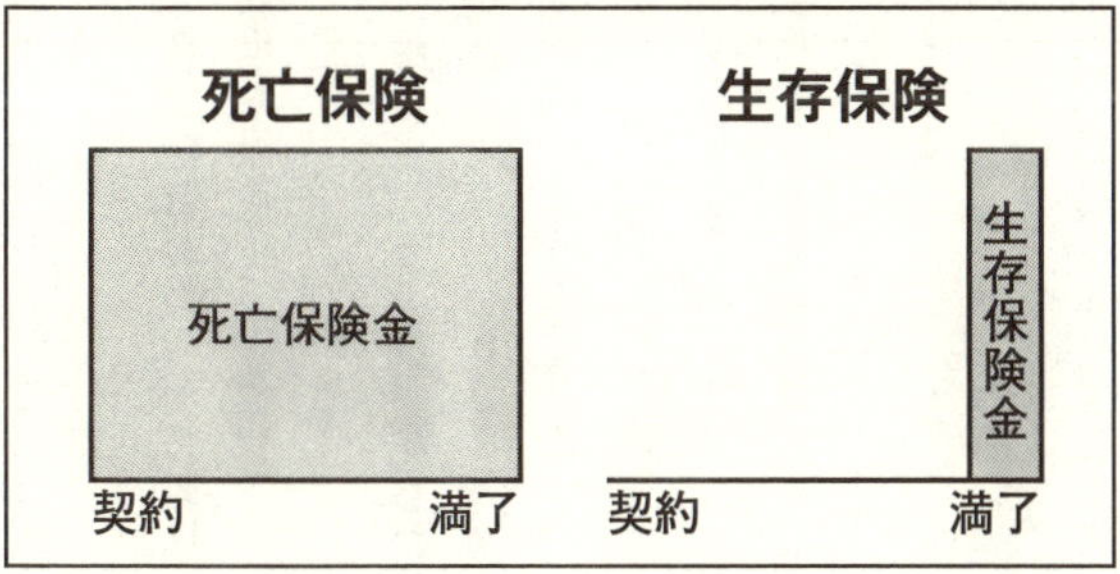

「予定利率」とは、保険会社が契約者から預かった保険料を運用する際、あらかじめ目標として設定する利率のことをいいます。

「予定事業費率」とは、保険会社が保険業を運営していくための必要経費をあらかじめ見込んで保険料の中に組み込んでいる割合をいいます。新契約の募集や保険料の集金、契約の管理保全などにかかる人件費や事業費などが入っています。

「予定死亡率」とは、男女や年齢別に年間何人が死亡するかを「生命表」を基に予測したものです。現在、各保険会社で保険算出用に使用されている「生保標準生命表2007」(図❶)を用いて「10年ごとの男性の死亡者・死亡率」を計算しますと、図❷のようになります。

年齢が上がると死亡率が高くなり、「生保標準生命表2007」で男性全員が死亡するとされる107歳での死亡率は、図❸のように当然100パーセントとなるのです。

この予定死亡率だけを考慮した保険料は、収支相当の原則に基づくと左記の計算式になります。

★死亡者数×死亡保険金額=保険料負担者数×保険料

この式を見ていただければ、同一の死亡保険金額であれば、死亡率が高くなればなるほ

図❶生保標準生命表2007（死亡保険用）における生存者数

年齢	男性	女性
0	100,000	100,000
5	99,716	99,754
10	99,636	99,697
15	99,552	99,647
20	99,253	99,529
25	98,836	99,366
30	98,434	99,165
35	97,979	98,886
40	97,391	98,484
45	96,529	97,932
50	95,186	97,111
55	93,103	95,900

年齢	男性	女性
60	90,035	94,350
65	85,649	92,257
70	78,889	89,071
75	68,860	84,067
80	54,848	75,724
85	36,944	62,075
90	18,289	42,063
95	5,146	19,404
100	514	4,117
105	7.6	182
107	0.6	25
110	-	0.3

出典：社団法人日本アクチュアリー会

図❷　10歳ごとの男性の死亡者・死亡率

年齢	死亡者数	死亡率
30～40歳	1,043人/9万8,434人	1.06%
40～50歳	2,205人/9万7,391人	2.26%
50～60歳	5,151人/9万5,186人	5.41%

図❸　30歳からの男性の死亡者・死亡率

年齢	死亡者数	死亡率
30～40歳	1,043人/9万8,434人	1.06%
30～50歳	3,248人/9万8,434人	3.30%
30～60歳	8,399人/9万8,434人	8.53%
30～70歳	1万9,545人/9万8,434人	19.86%
30～80歳	4万3,586人/9万8,434人	44.28%
30～107歳	9万8,434人/9万8,434人	100.00%

ど保険料が高くなっていくことがわかってもらえると思います。

以上を踏まえて、先ほどの図❸の「30歳からの男性の死亡者数・死亡率」を見てみましょう。30歳〜40歳までの死亡率は1・06パーセントですが、30歳〜107歳の死亡率は100パーセントとなります。ここからもわかるように、保険の保障期間が長くなれば長くなるほど死亡率は高くなるのです。

30歳〜40歳までの定期保険と30歳〜107歳までの定期保険の保険料を比べれば（他の要素を考慮しない場合）、死亡率から計算すると約100倍となってしまうのです。ちなみに、この全男性が死亡するとされる107歳までの保険料が「終身保険」の保険料となります。女性の場合は図❶を見ていただけるとわかりますが、全女性が死亡するとされる年齢が男性より長く110歳となっています。そのため女性は、110歳までの保険料を終身保険の保険料としているのです。

しかし、人はいつ死ぬかはわかりません。そのため死亡保障を、

「一生涯備えたい」

と思われる方が多いのです。そのためには、終身保険に加入すればよいのですが、定期保険と比較すると、保険料は高額になってしまいます。

そこで、保険中核層といわれる20代後半から40代までの広い層（万が一の際に必要保障額が高額となる、未成年の子どもを抱える世代）の方々が、少しでも安い保険料で必要保障額を準備できる「定期保険特約付終身保険」が売り出されました。なお、最近は主契約の終身保険を付けないものや、終身部分がアカウント型と呼ばれる「積立終身保険」、さらには終身部分が「終身医療保険」になっていたりする商品もありますが、ここでは一般的な定期保険特約付終身保険について説明します。

この、定期保険特約付終身保険ですが、大きく分けると「更新型」と「全期型」に分けることができるのです。

「更新型」は5年、10年といった短期の定期保険の期間満了を迎えるたびに更新していくタイプで、「全期型」は、保険に加入する当初から、60歳までとか70歳までのように、払込み満了時の期間まで加入する保険です。当然ながら、このふたつのタイプにもメリット・デメリットがあります。

全期型のメリットは、保険料が契約期間内は常に一定額だということです。図❸によれば、30歳～70歳までの死亡率は19・87パーセントです。ということは、30歳～70歳までの全期型の保険料は、この19・87パーセントを基に算出されるため変動しないのです。

しかし、デメリットとして保険料が高くなってしまいます。

逆に、更新型のデメリットは、図❷のように、30歳〜40歳の死亡率は1・06、40歳〜50歳の死亡率は2・26、50歳〜60歳の死亡率は5・41を基に算出するため、更新ごとに保険料が値上がりするのです。

そこで図❹の「死亡保険金額1000万円の10年定期保険の保険料（男性、月払口座振替）」と、図❺「死亡保険金額1000万円の全期保険の保険料（男性、月払口座振替）」を御覧ください。

30歳〜70歳までの全期保険の保険料は月額5660円ですが、更新型の10年定期であれば40歳の保険料は月額4060円なのです。さらに30歳であれば2880円と安く済みます。

図❹　死亡保険金額1,000万円の更新型（10年定期）保険の保険料（男性、月払口座振替）

契約年齢	保険料	契約年齢	保険料
30歳	2,880円	50歳	7,130円
40歳	4,060円	60歳	13,680円

図❺　死亡保険金額1,000万円の全期型保険の保険料（男性、月払口座振替）

保険期間	保険料
30〜65歳（35年）	4,780円
30〜70歳（40年）	5,660円

先程も申しましたが、この30代～40代は、保険中核層と言われる万が一の際に高額な必要保障額が必要となる世代なのです。この間の保険料が安く済むということは、全期型の保険料と同額を支払えば、より高額の保障と安心を得られるということになるのです。

たしかに、図❹をみれば、更新型では60歳からの保険料が急激に高くなるのがわかります。この保険料を見ると、「更新型は損になる」と思われる方も出てくるでしょう。

実は以前、この更新型保険料の値上がりを、「Lの悲劇」と揶揄《やゆ》する風潮があったのです。定期保険特約付終身保険は、保険内容を図にするとL字に見えるためL型保険と言われます。

繰り返しになりますが、定期保険特約付終身保険は終身保険という主契約の上に、定期保険特約が付き、更新型ではこの定期保険特約を10年毎に更新していくたびに保険料は上がります。これを怖がり、某新聞社がLの悲劇といって批判したのです。

たしかに、30歳では月額2880円だった保険料が60歳では月額1万3680円と約5倍にもなっています。この数字だけを比較するととても理不尽のようにも思えますが、もう一度図❷を見てください。30歳～40歳までの死亡率は1・06パーセントで、50歳～60歳までの死亡率は5・41パーセントで、死亡率も約5倍なのです。保険料は死亡率を基に算出しているのですから、保険料が上がるのは致し方ないことなのです。

しかし、図❻の定期保険特約付終身保険の保険内容を図にしたものを御覧ください。全期型は当然ですが、更新型も保険料は更新ごとに値上がりしていますが、その保障内容に変更はありません。

くどいようですが、ご主人が亡くなり、残された遺族の遺族生活資金が必要な世代が未成年の子どもを持つ親です。定期保険特約付終身保険を選択する方は、

「残された遺族のために生命保険に加入したい」

図❻　定期保険特約付終身保険の保険内容

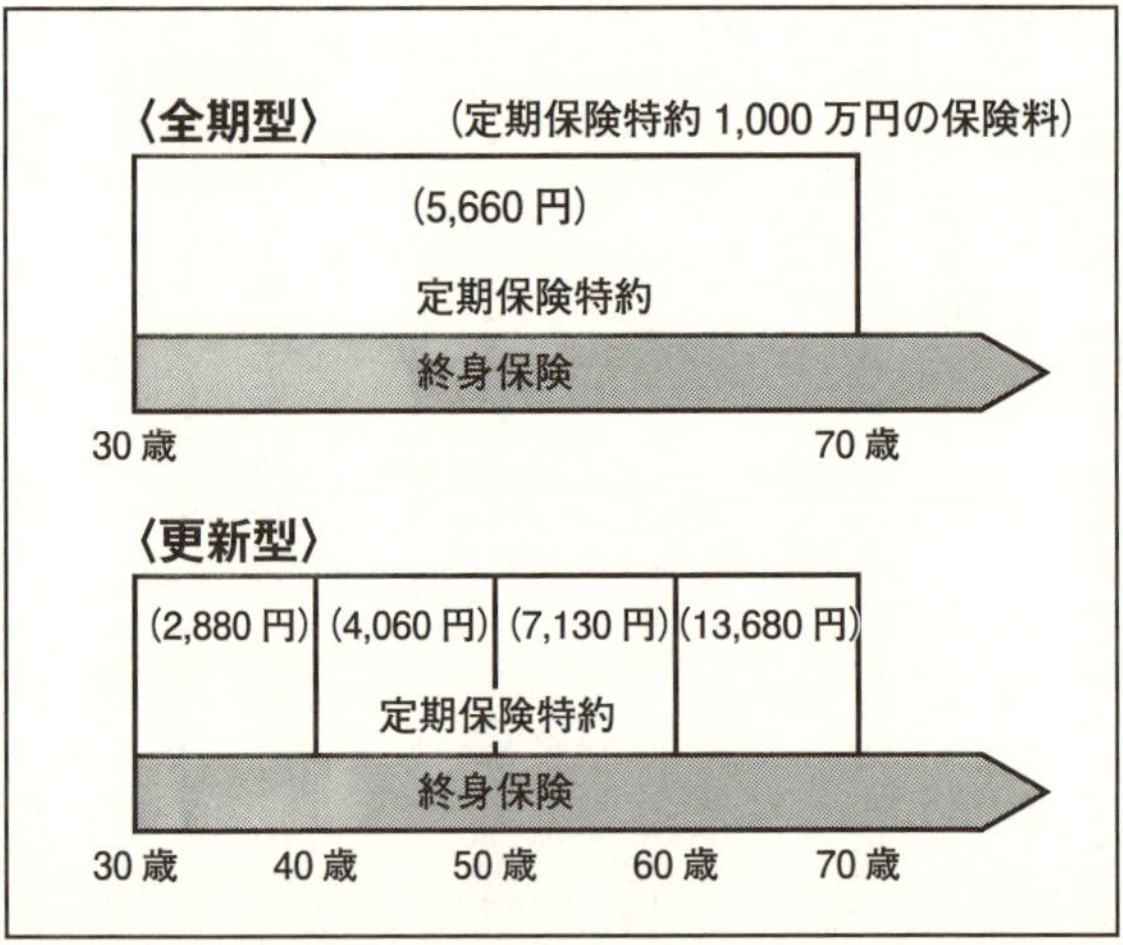

とお思いの方です。そのような方は、保険料の安い更新型を選び、浮いた資金でより高額の保障に入るほうが得なのではないでしょうか。そして、60歳になれば、子どもも独立していますので、死亡保障を大きく下げて保険料を安くすればよいのです。

また、図❼のような子どもが幼いころの保障を厚くして、段階を追って保障額を引き下げていくという加入方法もあるのです。一概に、

「更新型は損をする」

などと決めつけないで、自分のライフプランを吟味して保険は選ぶべきでしょう。このような例もあります。

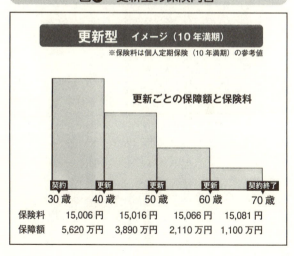

図❼ 更新型の保険内容

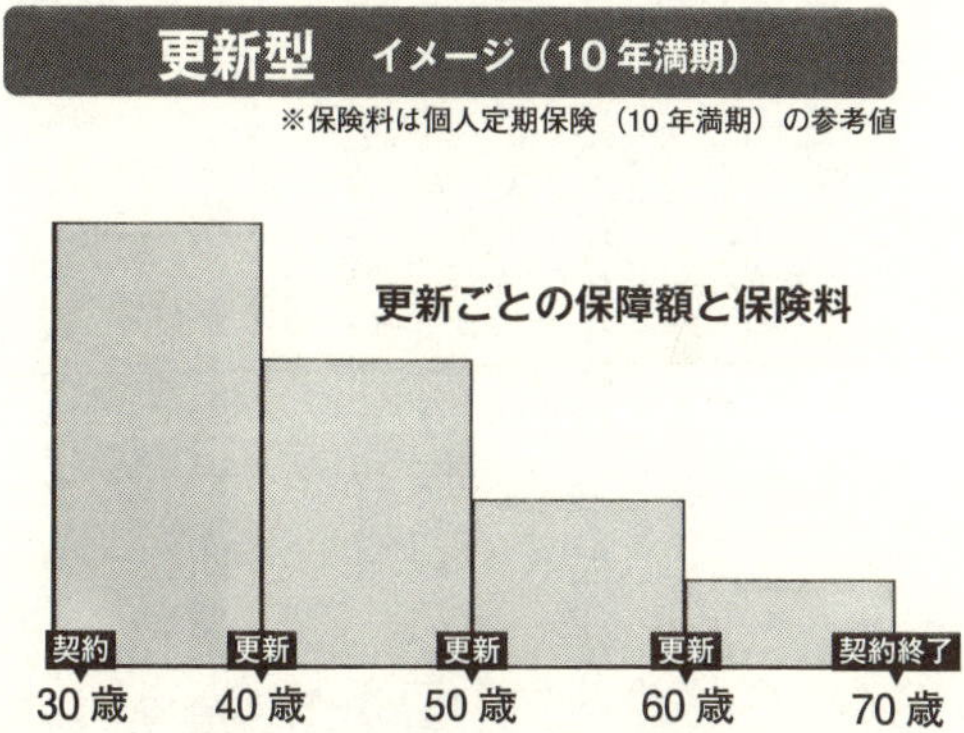

保険料	15,006円	15,016円	15,066円	15,081円
保障額	5,620万円	3,890万円	2,110万円	1,100万円

【事例1】

全期型で、定期保険特約付終身保険の加入を考えていたご主人がいました。この当時、更新型はマスコミで「Lの悲劇」と騒がれていた頃です。ご主人は、保険料が10年ごとに高くなるのが嫌で、死亡保険金額は少なくなりますが、保険料が一定の全期型を選んだのです。

しかしこのご主人を担当した保険会社の保険販売担当者は食い下がります。このご主人の予算では死亡保障が少な過ぎると判断したからです。そして、その代案として医療保障を全期型にして、死亡保障を更新型にすることを提案します。

その、あまりに熱心な保険販売担当者に押されたご主人は渋々納得し、保険販売担当者の勧める保険に加入しました。

そして運悪く、その一ヵ月後に交通事故で死んでしまったのです。

葬儀のあとに保険販売担当者は奥様に言われたそうです。

「あの時、医療も更新型にしてもらえばよかった。そうしたらもっと大きな死亡保障に入れたのに……。どうして主人を説得してくれなかったんですか」

残された遺族は悲しんでばかりいられないのです。明日からの生活が戦いなのですから。

このような話があっても、いまだにこの「Lの悲劇」を信じ込んでいる保険の販売代理店やファイナンシャルプランナーがいるのです。ファイナンシャルプランナーは、個人の人生設計に合わせて、財産形成計画を提案する職業で、保険の販売も手がけています。FPとも略されます。

販売代理店やファイナンシャルプランナーは、定期保険特約付終身保険を説明し、

「更新型は、ここで保険料が大きく跳ね上がってしまいますよ」

「更新型は、定年退職後に保険料があがると怖いですよ」

などと、お客の財布を心配するような販売トークを行なうのです。

一見デメリットが大きく見えてしまう更新型を比較対象にすることで、全期型の定期保険特約付終身保険を販売しやすくする戦略なのでしょう。

販売代理店やファイナンシャルプランナーは、本当に契約者のことを考えて言っているのかどうか、すべての言葉を鵜呑みにしないでこの点も契約者自身がじっくりと吟味する必要があるようです。

もう一度、13ページの「生命保険の必要保障額の推移」を表した図を見てください。この図では、必要保障額は、独身時代から結婚を経て、第一子が誕生し、末子となる第二子が生まれた時点で最大となります。その後、子どもの成長とともにゆるやかな下りラインとなり、子どもの独立後、さらに右肩下がりのラインとなっていきます。

保険に加入する際に考えるライフプランはこの図を参考にするのですが、結婚して子どもをもうけて、やがて子どもが独立、その間に転職は行なわないまま定年退職し、やがて夫婦ふたりで老後を満喫する——こういった旧来型のライフスタイルを実践する方はどれくらいいるのでしょうか？

今や転職や夫婦共働きは当たり前ですし、バツイチもありふれた普通のことです。生涯独身を貫く方も男女ともに多くなっています。多様化したライフスタイルのなかでは、旧来型のライフスタイルに基いたこの図をベースにしては、必要保障額は算出できなくなっています。

この図を基に保険に加入した方も、離婚などで生活環境が変化すれば、その変化に対応した保険を組み直さなければなりません。ご自身の貯蓄や収入などの経済事情の変化によっても必要額は変わってきます。人生設計自体が変わったのなら、保険も変えるべきなのです。

医療環境の変化も考慮する必要があります。あなたは、いつ医療保険に加入されたのでしょうか？　医療技術は日々進歩しています。新しい治療方法により入院日数も減少し、入院患者の平均在院日数が平成8年には33・5日だったのに対し、平成24年には17・5日に減っているのです。

また、医療技術の進歩はよい面だけではなく、治療費の高騰という別の一面も見せています。最近は入院時1日あたりの自己負担額が、平均2万1000円にもなるのです。ですが「1日1万円の入院保障」で足りると思っている方が、いまだに多いようです。

さらに、昔は入院して治療される方が多かったのですが、今は通院での治療がメインに変わってきています。こうなると、医療保険に入院保障を付けるか、通院保障を付けるか、その点もよく考える必要があるのです。

がん治療も数年前までは、入院治療が一般的でしたが、近頃は抗がん剤を使った通院治療が中心となってきています。そのため、今の保険は、がん治療を通院で受けた場合に、通院手当が出るタイプのものが増えています。これが、少し前に加入した保険だと、通院だと治療費が出ないもののほうが多いようですので、自分の保険契約書の確認をお勧めします。

また、先進医療など、健康保険が適用されない治療方法も多いので、先進医療特約は忘れてはなりません。ちなみに、がん治療の一種である「陽子線治療」は1回およそ250万円かかりますが、月額100円前後で加入できる先進医療特約を付ければ死亡保険金が2000万円まで出るのです。ということは、毎月たった100円の負担増で陽子線治療が8回受けられる計算になります。


【事例2】


小学生の子どもを持つ42歳の父親がいます。昨年の社内健診で肺に影が見つかり、大学病院で精密検査を受けたところ肺がんだと診断されました。まだ腫瘍も小さく、転移もないようなので陽子線治療を受けるかどうか悩んでいます。陽子線治療を4回受けたら1000万円もの負担になります。

この父親は、

「完治するかわからない治療に1000万円はかけられない。だったら子どものために1000万円を残してやりたい」

と言うのです。

この父親の加入していた医療保険には先進医療特約が付いていなかったのです。先進医療特約さえ付けていれば、このような悩みを抱くことなく、陽子線治療が受けられます。ですが、肺がんが発覚した今となっては、もう手遅れなのです。


医療の進歩に合わせて、医療保険は変わっています。

昔は、入院日数が20日以上でないと給付されなかった入院給付金ですが、１９８７年からは、5日以上の入院で給付されるようになり、２０００年からは一泊二日の入院でも入院給付金が支払われるようになっているのです。

手術についても、昔は生命保険会社が指定する一定の手術のみが保障されていたのですが、今では公的医療保険が適用される手術は保障されています。

このように保険会社は医療環境の変化に合わせ新しい保険商品を発売していますので、医療保険こそ、こまめに見直しておくべきかもしれません。

現在加入している保険が、将来も必要かどうかはわかりません。逆に現在は必要でなくても、将来必要になる保険もあるのです。

保険加入時に、将来必要となるであろうと予測される、必要額や環境の変化を想定して保険に加入したのであれば、保障の内容は固定したままでもよいかもしれません。

ただ、そこまで先を見越すのは無理というものです。それならば、こまめに保険を見直し、近々必要になると思われる保障を追加したり、使わなくなる可能性が高い保障を省いたりするほうが、結果的には得になるのではないでしょうか。

6・公的医療保険があるから民間の医療保険は小さくていいってホント?

日本は「国民皆保険」とされるように、日本国内に住所を有する全国民（生活保護受給者などの一部を除く）が公的医療保険に加入するように定められています。公的な医療保険は大きく分けて2つあります。一方が、サラリーマンが加入する「健康保険」、公務員が加入する「共済保険」、船員が加入する「船員保険」などで、これらは「被用者保険」と呼ばれています。もう一方は、自営業者や農林水産業従事者、専業主婦の方などが加入する「国民健康保険」です。なお、2008年から、75歳以上の方は「後期高齢者医療制度」に移行しました。

日本の健康保険制度は1922年に初めて制定されましたが、加入が任意だったため、1955年頃でも経済的事情などで無保険の方が約3000万人いたという数字もあります。当時は、全国民の約3割が無保険となっていて、社会問題化していたのです。

そこで、1959年に、それまで任意加入だった国民健康保険を改正し、「被用者保険」に加入している方々を除き、すべての国民が「国民健康保険」への加入を義務付けられたのです。やがて、全国すべての市区町村に国民健康保険組合が作られ、2年後の1961

年、ついに国民皆保険が実現したのです。

今の日本には、「国民全員が公的医療保険で保障される」というシステムであるため、

「民間の医療保険はいらない」

ということを主張する方もいるようです。

近年の医療技術の進歩のおかげで、入院治療から通院治療に変わりつつあるため、入院日数は短くなる傾向にあります。そのため、預貯金さえあれば民間の医療保障は必要ないというのです。厚生労働省の調査によれば、急性虫垂炎で入院・手術した場合、7日間の入院で医療費は31万円と試算されています。しかも日本では、「国民全員が公的医療保険で保障される」ため3割の自己負担、約9万円で済むのです。

さらに、高額療養費制度の自己負担上限額を超えているため、医療費には高額療養費制度が適用されます。そのくらいの医療費でしたらたしかに預貯金で賄えるかもしれません。

国民皆保険のおかげで、発熱や腹痛で病院に行くのであれば、保険証さえ提示すれば全国どこの病院でも自己負担額3割で治療が受けられます。また、高額療養費も、通常の範囲なら、ほぼ上限が決まっていると考えてよいでしょう。利便性が高く、お財布にも優しいシステムなのです。

でも、入院・手術しても高額療養費があるから民間の医療保険は本当にいらないのでしょうか？

実は、この患者の医療費負担を助ける高額療養費には制約も多いのです。

高額療養費は、保険適用される診療のうち、患者が支払った自己負担額が対象となります。医療に直接関係のない入院時の「食費」「差額ベッド代」、また保険が適用されない「先進医療」の医療費などは、高額療養費の対象とはなっていません。

また、高額療養費を受けるには、自分が加入している公的医療保険に支給申請書を提出しなければなりませんし、診療を受けた翌月から2年以内に申請をしないと権利は消滅してしまいます。

診療でかかった医療費は、暦月（月の初めから終わりまで）単位でまとめられ、その後、診療に要した費用を病院から医療保険に請求します。ちなみに、この医療機関から医療保険へ提出する診療報酬の請求書を「レセプト」といいます。レセプトは月ごとに処理されるため、月末に入院し、翌月に退院した場合、治療費が2分されて高額療養費として認められない場合もあるのです。

さらに高額療養費は、自己負担者が申請書類を提出後、医療保険でレセプトを審査した上で支給されるので、治療費が還付されるまでに受診した月から少なくとも3ヵ月程度かかってしまいます。

その上、医療でかかるのは入院・手術代だけではありません。高額療養費を申請すれば、病院に払うお金だけなら限度があります。治療中の収入も、サラリーマンであれば、長期有給休暇を利用し、欠勤扱いにならずに会社を休むこともできるかもしれません。しかし、自営業者はそうはいきません。入院して仕事を休めば、確実に収入が減るのです。入院中の収入までは、公的保険は面倒を見てくれません。そうした費用も自分で用意しておかなければ大変なことになるのです。

がん治療も昔は、入院治療が一般的だったのですが、今は、通院して抗がん剤治療を行なうことも増えています。抗がん剤治療だと高額療養費の対象になるため、月の支払いは8万円ほどで済むかもしれませんが、通院治療が1年続いたら、1ヵ月8万円の治療費も、年間になると約100万の負担になるのです。さらに、高度な医療を受けるため、自宅から離れた病院に通う方もいますが、このような方にも医療費以外の経費がかかるのです。

このような例もあります。

【事例】


群馬県高崎市在住のCさん（55歳）は、抗がん剤治療のため東京の病院に通っています。

行きは体も元気なので、経費の節約のため在来線の高崎線を使って東京へ向かいます。しかし、帰りはそうはいきません。抗がん剤を投与された影響により頭がふらついてしまうのです。そこで、帰りは東京駅までタクシーで出て、東京駅から新幹線に乗車して帰っています。

さらに新幹線も、確実に座席を確保するため指定席を取っています。高崎駅は近いため特急券は２９９０円で済んでいますが、行きの電車賃とタクシー代を合わせると１日７０００円近い出費となってしまいます。


また、長期の通院になると、その間ずっと長期有給休暇を利用し続けることができるのでしょうか？　企業によっては、諸手当や残業が前提で給与が計算されている場合もあります。通院することで会社を休みがちとなり、就業制限が入れば給料は下がります。

「公的医療保険があるから、民間の医療保険は加入しなくてもいい」

「医療保険は小さくていい」

スウェーデン（2012年）	イギリス（2012年）	アメリカ（2012年）
税方式による公営の保健・医療サービス ※全居住者を対象 ※広域自治体（ランスティングなど）が提供主体（現金給付は国の事業として実施）	**税方式による国営の国民保健サービス** （NHS） ※全居住者を対象	**社会保険方式（メディケア・メディケイド）** ※65歳以上の高齢者及び障害者等を対象とするメディケアと一定の条件を満たす低所得者を対象とするメディケイド ※国民皆保険になっておらず（いかなる医療保険の適用も受けていない国民が人口の15.7%（2011））現役世代の医療保険は民間が中心
入院 日額上限80クローナの範囲内でランスティングが独自に設定 ※多くのランスティングでは18~20歳までは無料 **外来** ランスティングが独自に設定。プライマリケアの場合の自己負担は、1回100~200クローナ（法律による患者の自己負担額の上限は全国一律1年間1,100クローナ。各ランスティングはこれより低い額を定めることもできる） ※多くのランスティングでは20歳未満については無料 **薬剤** 全国一律の自己負担額 900クローナまでは全額自己負担（年間2,200クローナが上限）	**原則自己負担なし** ※外来処方薬については1処方当たり定額負担、歯科治療については3種類の定額負担あり なお高齢者、低所得者、妊婦等については免除があり、薬剤については免除者が多い	**入院（パートA）（強制加入）** 入院から60日　:$1,156まで自己負担 61日~90日　:$289/日 91日~150日 :$578(1度だけ、それ以外は自己負担) 151日~　　:全額負担 **外来（パートB）（任意加入）** 年間$140+医療費の20% **薬剤（パートD）（任意加入）** $325まで　:全額自己負担 $326~$2,970 :25%負担 $2,971~$6,733.75 :全額自己負担 $6,733.75~　:5%負担又は$2.65(後発品)/$6.6(新薬)の高い方
なし	**なし** ※ NHS費用の2割強は、退職年金等の現金給付に充てられる国民保険の保険料から充当されている	**入院（パートA）** 給与の2.9%（労使折半） ※自営業者:本人全額負担 **外来（パートB）** 月約99.9ドル（全額本人負担） **薬剤（パートD）（平均保険料）** 月約39.40ドル（全額本人負担）
原則なし ※ランスティングの税収（住民所得税等）と患者の自己負担額で賄っている。 ※わずかではあるが、国からの一般交付税、補助金あり	**租税を財源とする**	**入院（パートA）** 社会保障税を財源 **外来（パートB）** 費用の約75% **薬剤（パートD）** 費用の約75%

※出典：厚生労働省HPに基づき作成

主要国の医療保障制度概要

		日本（2013年）	ドイツ（2012年）
制度の種類		**社会保険方式** ※国民皆保険 ※職域保険及び地域保険	**社会保険方式** ※国民の約85%が加入 ※被用者は職域もしくは地域ごとに公的医療保険に加入。一定所得以上の被用者、自営業者、公務員等は強制適用ではない ※強制適用の対象者でない者に対しては民間医療保険への加入が義務付けられており（一般的加入義務）、事実上の国民皆保険
自己負担		**3割** 義務教育就学前 2割 70歳~74歳 1割 （2割案は凍結中） （現役並み所得者は3割） 75歳以上　　1割 （現役並み所得者は3割）	**外来** 同一疾病につき四半期ごとに10ユーロの診察料（紹介状持参者等は無料） **入院** 1日につき10ユーロ（年28日を限度） **薬剤** 10%定率負担（負担額の上限10ユーロ、下限5ユーロ）
財源	保険料	**報酬の10.00%** （労使折半） ※協会けんぽの場合	**報酬の15.5%** 本人:8.2% 事業主:7.3% ※全被保険者共通 ※自営業者:本人全額負担
	国庫負担	給付費等の16.4% ※協会けんぽの場合	法律上、2009年においては40億ユーロとし、その後毎年15億ユーロずつ合計140億ユーロになるまで 増額することとされていた。 2009年1月に決定された経済金融危機に伴う第二次景気対策において、2009年7月以降の保険料率を0.6%減額することが決定されたため、32億ユーロ（満年度ベースで63億ユーロ）が追加投入された。したがって、2012年には上限である140億ユーロに到達した

と言うのは、短い期間の入院や医療費だけを見ている方だけが言えるセリフなのです。

よく考えてください。病院に支払う金額だけが医療費ではないのです。

7・1日1万円の入院保障があれば、万全ってホント？

「医療保険に入ろうと思っています。でも、入院給付金の日額はいくらあればいいのでしょうか？」

医療保険への加入を考える際、これが一番悩ましい問題でしょう。病院に入院することになった場合、食事代を除いた医療費の3割（70歳未満の場合）が自己負担となります。ただし、前項目でも説明しましたが、公的医療保険の高額療養費制度があるため、通常の入院・手術なら、1ヵ月の支払いに一定の限度が設けられています（78ページ、高額療養費制度表参照）。そのため、保険のプロを自称する方のなかにも、

「民間の入院保障などいらない」

と強くおっしゃる方もいます。

お金持ちや、若くて健康で、さらに独身の方ならたしかにそう言い切れるでしょう。健康な方は医療保険など必要ないですし、お金持ちは医療費や入院時の差額ベッド代も難なく払えます。

また、大企業に勤めるサラリーマンも企業の福利厚生などが充実しているため、

「入院保障などいらない」

とまでは言えないまでも、

「1日1万円の入院保障があれば万全」

と、言い切れるかもしれません。

しかし、入院保障の加入を検討する方が全員、お金持ちや若くて健康な方、大企業に勤めるサラリーマンではないのです。やはり万が一の場合、金銭的に困窮を極める恐れがある方が、

高額療養費制度（70歳未満の方の場合）

平成27年1月1日診療分から

所得区分	ひと月あたりの自己負担限度額	3ヵ月以上負担いただいた方（※）
①区分ア（標準報酬月額83万円以上の方）	252,600円+（総医療費-842,000円）×1%	140,100円
②区分イ（標準報酬月額53万～79万円の方）	167,400円+（総医療費-558,000円）×1%	93,000円
③区分ウ（標準報酬月額28万～50万円の方）	80,100円+（総医療費-267,000円）×1%	44,400円
④区分エ（標準報酬月額26万円以下の方）	57,600円	44,400円
⑤区分オ（低所得者）（被保険者が市区町村民税の非課税者等）	35,400円	24,600円

（注）「区分ア」または「区分イ」に該当する場合、市区町村民税が非課税であっても、標準報酬月額での「区分ア」または「区分イ」の該当となります。

（※）高額療養費を申請される月以前の直近12ヵ月の間に高額療養費の支給を受けた月が3ヵ月以上ある場合は、4ヵ月目から「多数該当」という扱いになり、自己負担限度額が軽減されます。

※出典：厚生労働省HPに基づき作成

高額療養費制度（70歳以上75歳未満の方の場合）

被保険者の所得区分		自己負担限度額	
		外来（個人ごと）	外来・入院（世帯）
①現役並み所得者（標準報酬月額28万円以上で高齢受給者証の負担割合が3割の方）		44,400円	80,100円＋（医療費-267,000円）×1%［多数該当:44,400円］
②一般所得者（①および③以外の方）		12,000円	44,400円
③低所得者	Ⅱ（※1）	8,000円	24,600円
	Ⅰ（※2）		15,000円

※1　被保険者が市区町村民税の非課税者等である場合です。
※2　被保険者とその扶養家族全ての方の収入から必要経費・控除額を除いた後の所得がない場合です。
（注）現役並み所得者に該当する場合は、市区町村民税が非課税等であっても現役並み所得者となります。

不安を解消するために入るのが保険なのです。

人が100人いれば、100通りの人生があり、100通りの保険の組み合わせがあるはずです。それを、色々なケースを想定せずに、こういう保険に入ればいい、と断定する方を、あまり信用しないほうがいいでしょう。

中小企業に勤めているサラリーマンの福利厚生制度は満足とはいえないかもしれません。でも、健康保険に加入している限り、国民健康保険加入者よりも公的保障は充実しています。長期の入院となった場合にも「傷病手当金制度」があるため、多少仕事を休職しても標準報酬日額に応じた支給額を受け取ることにより、月給の一部を補填《ほてん》することができるのです。公務員も同じです。そのため、1日1万円の入院保障があれば、おおかた問題はないと言えるかもしれません。

しかし自営業者はそうはいきません。

自営業者が加入する国民健康保険には、健康保険と違って傷病手当金制度の給付はありません。自営業者は本人の健康が収入に直結する点で、サラリーマンと大きな違いがあります。いったん入院すると、入院期間中は収入が途絶えてしまうのです。そのため、より多くの保障を事前に準備しておくことが大切となります。特に、入院中の治療費や休業中の収入を確保するためには、ある程度保障の充実した医療保険への加入を考える必要があります。

たとえば､月収30万円の自営業者が1ヵ月間入院したとします。その間の収入が途絶え、当然、生活そのものに支障をきたします。そこで、日額1万円の医療保険に加入しておけば、1ヵ月の入院で約30万円の給付金を受け取ることができ、健康な時の収入と同じ金額を得ることができるのです。

ただし、生活費だけではなく、治療費も用意しなければなりません。そのためには、日額を1万円以上に増やす必要があるでしょう。手持ち資金との兼ね合いもありますが、1万円～1万5000円程の入院保障に加入しておけば心配ありません。入院給付金は、このように収入確保と治療費の備えとしても役立つのです。

次に、専業主婦を見てみます。

収入を得ていない専業主婦にも、医療保険は必要です。専業主婦は、外で働くご主人の代わりに、家事や子育てなどをこなして家を守っています。項目4でも説明した通り、子育て世代の専業主婦が、万が一入院してしまうと、食事や子育てなどは誰が行なうのでしょうか？　どちらかの実家の両親に応援に来てもらえればよいですが、そうはいかない家庭も多いでしょう。また、住宅事情もありますので、手伝いに来てもらいたくてもそうできない方もいるでしょう。

働くご主人が子育てを兼務する方策もあります。入院が短期間ならそれも可能でしょう。しかし、療養が長期間になると、ご主人への負担があまりにも大きくなり過ぎます。

あとは、民間保育園やベビーシッター、ホームヘルパーに頼ることになり、このようになると予想以上の出費がかさむのです。専業主婦は家事や子育てをすべて行なっています。普段、あまり意識することはないかもしれませんが、その労働を金銭に置き換えると、普通のサラリーマンの収入では払いきれない仕事量をこなしているのです。その点まで考慮して医療保険を考える必要があるでしょう。

ご主人が入院しても、医療費以外の出費は伴わないので、補填さえあればよいのですが、専業主婦の奥様の入院には、家事労働を補う出費が伴ってしまうのです。経済的には、専業主婦が倒れた方がより厳しくなるのです。

専業主婦の医療保険は、子どもの保育にかかる費用やホームヘルパーにかかる費用などを計算し、保障金額を決める必要があります。もちろん、治療費も必要となりますので、その分も忘れないようにしたいものです。

「専業主婦が、入院しても収入が減るわけではないから、医療保険は少しでいい」という考えは間違いで、専業主婦だからこそ医療保険は必要なのです。

では、子どもの場合はどうでしょう。

子どもは、親に不都合がない限り、病室が6人部屋でも気にはしないでしょう。そのため、子どもの入院では、お金がかかる意識はないかもしれませんが、たとえば共働きの家庭を考えてみてください。

子どもが急に入院した場合、両親のどちらかが看病のため、病室に付き添わなければならなくなります。すると、共働きの家庭の場合だと、両親のどちらかが有給休暇を取って仕事を休まなくてはなりません。有給休暇が取れる間はサラリーマンの入院と同じですが、有給休暇を消化してしまった場合、欠勤扱いとなり収入減に直結します。最悪の場合はどちらかが仕事を辞める必要が出てくる恐れもあるのです。

自営業者のご主人と会社員の妻。サラリーマンのご主人と自営業者の妻。夫婦ともに自営業者など、家庭環境はさまざまです。子どもの医療保険は、子供のためだけではなく「親の収入を補うため」と考えておく必要があるのです。自分の家庭環境をよく考えておきましょう。

高齢者になると医療費負担が3割から2割ないしは1割へと軽減され、医療費が減少するため、最低限度の準備でも問題は起きないでしょう。ただ、以前は高齢者の医療費は無料だったのです。現在は2割ないしは1割負担に変更されていますが、いつまた負担割合が上がるかはわかりません。その分も想定して医療保険を準備しておく必要があるでしょう。

ただ、高齢者は医療保険の日額より「一入院の限度日数」に重点を置いた考慮が必要です。これは、高齢者が病気やケガで入院をした場合、若い世代と比較して、完治までに時間がかかり、長期の入院となるケースも多々あるからです。

中高年世代が、30日~60日の入院を想定するなら、高齢者は60日~120日、さらには、それ以上の長期の入院に対する備えをしておくことも必要でしょう。入院保険は、性別、世代、置かれた家庭環境を考慮して準備するよう心がけなくてはならないのです。

次に、入院にかかる自己負担を見てみましょう。

入院の際にかかる自己負担は、入院中の食事代、差額ベッド代、その他にも付き添いや看護に来る家族の交通費、その他の諸雑費などが含まれます。では、このよく耳にする「差額ベッド代」とはどのようなものなのでしょうか？

差額ベッドの正式名称は「特別療養環境室料」というちょっと堅い名前です。大部屋ともいわれる、6人部屋などの一般病室に入院する場合のベッド代は入院費に含まれています。このほかに、4人部屋、3人部屋、2人部屋、そしてプライベートに配慮した1人部屋(個室)があり、各病院が定めた差額ベッド代を払えば病室を変わることができるのです。

若い頃は6人部屋も楽しくていいでしょうが、歳を重ね重職につくと、6人部屋ではつらい方も出てきます。見栄もあるでしょうが、

「お見舞いに行ったら、うちの部長は6人部屋だった」

などと陰で言われるのが嫌で、2人部屋や個室を指定する方もいます。

6人部屋には6人部屋のいい面もあります。入院生活で気が滅入りがちなときには、話し相手がいると気晴らしになるでしょう。2人部屋や3人部屋で、気の合わない入院患者と同室になるよりましかもしれません。ただ、6人部屋は、いびき歯ぎしり、深夜のトイレなど安眠を阻害されることも多いのも事実です。そのためにも、入院時にプライバシーを保ちやすい、差額ベッド代のかかる部屋を選択するケースも多いのです。付き添いの家族のため、個室を選ばれるケースもあるようです。お見舞いのたびに、他の患者に気を遣うのも大変なのです。

また、入院日数も考えておきましょう。手術を伴わない治療方法や、患者に負担の少ない先進医療など医療技術の進歩により、入院日数は減る方向にあります。

従来の日本の健康保険制度では、診療報酬ごとの点数をもとに計算する「出来高払い」と呼ばれる制度が中心でしたので、患者の入院日数が長期化すると病院は儲かったのです。しかし、DPC制度（入院医療費の包括支払い制度）の導入により、入院が長期化すると病院の収入が減ることになってしまいました。そのため病院は、患者をできるだけ早く退院させ、ベッドの回転率を上げる必要に迫られたのです。

医療技術の進歩以外に、病院の都合でも、入院期間は短くなっているのです。

ここから見えてくるのは、「病院が長期入院をさせないのであれば、長期の入院保障はあまり必要ではない」ということです。

入院保障によっては通算で730日や1000日といった長期入院に対応した商品もあります。若い方がこのタイプの保険に加入しても、使う状況にならない可能性は大でしょう。保険は万一を考えて加入するものなので、「一入院の限度日数」が短かすぎるのも問題が起きます。年齢にもよりますが、上限で60日〜120日を用意しておくのがベストでしょう。ただ、高齢者のところで触れましたが、730日や1000日の保障は、高齢者には必要かもしれません。

入院保障に関して、なぜか昔から1日1万円あれば大丈夫と思っている方が多いようです。なぜ、1万円なのでしょうか？

実は昔、多くの保険会社が、入院日額を1万円を上限に売った時期があるのです。

この当時は、医療費の本人負担額も1割くらいで、今のように差額ベッド代も高くなく、さらに治療方法も多様化していませんでした。入院すれば手術が当たり前の時代だったのです。

ですが、時代とともに医療環境も変化し、経済状況も変わっています。しかし、「1万円」は切りが良い金額のためか、その後も「1万円」だけがひとり歩きをしてしまっているのです。そのため、今でも「1万円あれば足りる」と思われている方が多いのでしょう。

繰り返しになりますが、今は、手術するために入院するのではなく、手術を伴わない入院も増えているのです。手術すれば10万円〜40万円の給付金が支払われる一方、手術しなければ1円も出ないということになります。たしかに手術をしなければ患者の体への負担は減っていますが、一度入院すると経済的負担は大きく、日額1万円の保障では全然足りないのです。

88ページの図を御覧ください。生命保険文化センター「生活保障に関する調査」の入院時1日あたりの自己負担額を表した図です。これによると、入院時1日あたりの自己負担額は3人にひとりが2万円以上となっています。もはや日額が2万円となっている時代に、日額1万円では足りないのは当たり前でしょう。

治療費以外にも出費が生じます。たとえば……抗がん剤治療でいえば、目眩《めまい》や吐き気が起こるため、車の運転を諦めタクシー利用に切り替える方や、副作用で頭髪が抜けたりするため、女性の方はかつらの購入も必要になったりします。

生活の質を維持するために、元気な間は予想もしなかったさまざまな出費が増えるのは仕方がないことです。そのために、万が一を考えて加入するのが保険なのですから。

入院時1日あたりの自己負担額

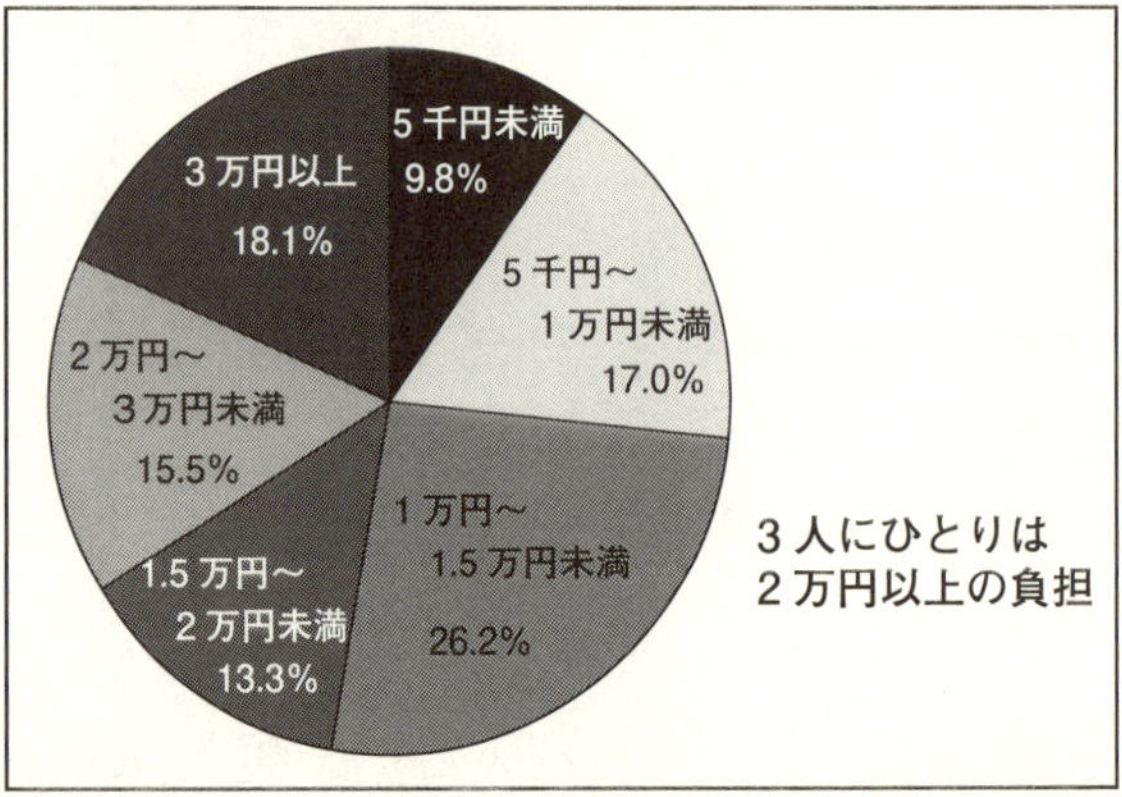

※出典：生命保険文化センターHPに基づき作成

8・住宅ローンがあっても団体信用生命保険があれば、大きな保障は必要ないってホント?

表題の言葉は、住宅メーカーの方がよく使うセールストークです。

しかし、この言葉を信じてもよいのでしょうか。

当たり前ですが、住宅メーカーの仕事は家を売ることです。しかも、同じ1軒の家を売るのならば、

「出来るだけ高い家を売りたい」

というのが営業マンの本音でしょう。

また、購入希望者も、

「できるだけいい家を買いたい」

と考えていますが、やはりそこは予算との兼ね合いがあるので、

「できるだけいい家で、しかもできるだけ安い家を買いたい」

が本音というものです。

家を購入する際、現金で買える方など、ほんの一握り。絶対的多数の購入者が、爪に火を灯して貯めた預貯金を頭金にして、残りを住宅ローンで賄う方々なのです。そのため、

無理なく返済できる範囲で住宅ローンを組もうと考えるのです。

住宅メーカーの営業マンも必死です。購入希望者が、現在賃貸住宅に住んでいる場合は、家賃とローンを比較し、ローンの上積みを勧めます。

ひと昔前なら、将来給料が上がることを見越して、ローンの上積みを勧めることが多かったようですが、今のご時世には、そうしたセールストークは通用しなくなりました。

その代わりに住宅メーカーの営業マンが発する言葉が、表題の、

「住宅ローンがあっても団体信用生命保険があれば、大きな保障は必要ない」

なのです。

「団体信用生命保険（団信）」とは、住宅ローンを組まれた方が、そのローンを全額返済されないうちに死亡もしくは所定の高度障害といった不測の事態に陥った場合、本人に代わって生命保険会社が住宅ローンの残高を支払うという保険のことです。金融機関などは、この団体信用生命保険の加入を住宅ローン借り入れの条件としているところが多いようです。

たしかに、住宅ローンを組んだご主人に不測の事態が起こっても、住宅ローンの返済義務がなくなるのであれば、生命保険を見なおして保障を下げても不安は減るように思いま

す。

そのため、

「高額の死亡保障を下げて、その浮いたお金を住宅ローンに回しませんか？　そうすれば、もっといい家が購入できますよ」

と勧めてくるのです。

今は、どの家庭でも、生活費に占める住宅ローンや家賃の割合は高くなっています。たとえば、住宅ローンを月額10万円返済している方は、ボーナス月も入れると年間200万円弱の支払いになることもあるでしょう。このローンがなくなると、ずいぶん生活は楽になります。ただ、マンションを購入すると毎月の共益費や修繕費の積み立てがあります。戸建住宅の場合も、10年ごとの壁や屋根の塗り替え、水周りの修繕費など、生活費からカバーしなければならないお金はけっこうあるものです。こうした費用まで考えると、生活保障を切り下げるのは考えものです。

さらに注意が必要なことがあります。

一般的に、死亡保障だけの団信に加入している方や加入しようとする方が多いということ

社宅で暮らしている方の注意すべき点とは？

秋田県出身の主婦Ｙさん（46歳）は、都内の社宅に家族５人で住んでいます。将来、子どもが独立して定年を迎えれば、夫婦で秋田の実家に戻る予定でした。そのため、都内で自宅の購入は考えたことはありません。

ところが突然、ご主人が心筋梗塞で亡くなられたため、奥様と子どもは社宅を出なくてはならなくなったのです。ですが、子どもの学校があるため、今はまだ秋田の実家には帰れません。ですから新たに住宅を探さなければなりません。これまでは４ＬＤＫの社宅に住んでいたため、生活費に占める住宅費の割合は大変少なく済んでいました。遺族年金やご主人の生命保険金を受け取りましたが、奥様の考える予算では３ＬＤＫはおろか２ＬＤＫの部屋を借りるのがやっとです。ただ、子どもが3人いるので、これ以上狭い部屋は借りられません。今は、狭い部屋を荷物であふれさせながら暮らしています。今、社宅にお住まいの方は、生活費に占める住宅費の割合が少ないため、負担は軽いでしょう。しかし、万が一の場合を想定して、周辺の賃貸住宅との差額分を計算しておかなければいけないのです。

とです。

死亡保障だけということは、ご主人が死亡もしくは所定の高度障害といった不測の事態に陥った場合にしか保障は下りないのです。病気で長期の入院となった場合や、抗がん剤治療で長期の通院治療を受けたとしても保障は出ません。病気になり、会社を休みがちになると給料が下がります。やがて預金を切り崩してローンの支払いに充てるようになります。しかしそれにも限度があります。

家を買うのは人生のなかで大きなイベントです。せっかく手に入れた家は、絶対に手放したくないのが人情です。やがてローンが払えなくなると、最後に手を出すのがサラ金です。それもすぐに首が回らなくなるのです。

「ご主人が病気になって収入が下がって払えなくなった」

「奥様が病気になって生活ができなくなった」

など、病気が原因で、このようなことに陥る方が思いのほか多くいます。逆に体が元気なときに、ギャンブルなどで払えなくなる方は滅多にいません。

そのため、団体信用生命保険の中には、がん・急性心筋梗塞《こうそく》・脳卒中の3大疾病でも保障してもらえる商品や5大疾病に対応したものなども用意されています。

そうした契約になっているのであれば、保障は若干下げてもいいかもしれません。しかし、先述したように、団信は死亡保障だけの契約の方が大多数です。その場合、生前給付保障や医療保障を充実させておかなければ、将来せっかく購入した家を手放さなければならないことが起きうるかもしれないのです。

住宅メーカーの方は、ローンを払うために保険を下げませんかと言ってきますが、家を守ろうと思えば、それなりに保険による補填が必要になってくるのです。

9・子育てが終了したら、死亡保障は必要ないってホント？

死亡保障を一番必要とするのは子育て世代だということは、何度も書きました。たしかに子どもが独立すると、個人差はありますが、死亡保障は子育て時代と比べると減らしても問題は起きにくいでしょう。ただ、これはあくまでも「減らしてもいい」ということで、表題のような「子育てが終了したら、死亡保障は必要ない」と言うことではありません。

２０１３年の日本人の平均寿命は、男性がついに80・２１歳と80歳の大台を超えました。女性もまた、過去最高の86・６１歳になったそうです。

30歳で子どもをもうけた方だと、順調にいけば52歳で子育てから手が離れます。昔のように55歳で定年だと、もう老後の心配をしなければならない年齢ですが、今は60歳が定年ですし、会社によっては定年は65歳に延びるかもしれないのです。仮にご主人が65歳まで働いたとしても、仕事を辞めてからの平均余命は15年もあるのです。

ですが、実は60歳～70歳の男性で定年退職を迎えた方のうち、10人にひとりが亡くなっているという統計があります。約40年間、仕事一筋に頑張ってこられた方ほど、仕事を辞められて緊張の糸が切れてしまい、命を落としやすいようです。

万が一60歳代でご主人に先立たれた奥様は、女性の平均余命を考えると、あと30年近く生きることになるのです。子育てが終わった奥様には成人した子どもがいるので、ひとり残されても老後の不安はないかもしれません。ですが、ご主人としては、奥様の老後の不安をなくすためにも、死亡保障を考えておく必要があるでしょう。

さらに、ご主人に先立たれると、また別の問題も起こってきます。それは相続問題です。

「うちには相続争いをするような財産がないから心配ないです」

と、笑われる方もいるでしょう。

本当にそうでしょうか？

サラリーマン家庭を含む多くの家庭で、給料が振り込まれるご主人名義の銀行口座を奥様が管理して、生活資金を出し入れしているのではないでしょうか。

この銀行口座はご主人が亡くなられると、名義がご主人のため、預金はご主人の相続財産となってしまい凍結されるのです。預金口座が凍結されると、それを解除するまでお金の出し入れができません。

口座の凍結を解除するには、相続人全員の署名捺印（実印）のある遺産分割協議書があればよいのですが、万が一、ひとりでも行方不明（滅多にないことですが）の家族（相続人）がいれば、その方と連絡が付くまで凍結されたままになってしまいます。

最近は特例で、葬儀費用などは引き出せる銀行もありますが、葬儀後の奥様の生活資金までは引き出すことができません。さらに、電気、ガス、水道、電話料金などを同じ口座からの引き落としにしていれば、すべて使用不能になってしまうのです。

「でも、クレジットカードがあるから大丈夫」

と、思った方はいませんか。実はクレジットカードの引き落としも、同じ口座からだと使えなくなってしまうのです。

こんな時に死亡保険金があれば、遺されたご家族は本当に助かります。死亡保険金は、受取人を指定しているうえに、民法上は相続財産に当たらないとされています。そのため、受取人に数日で死亡保険金が支払われるのです。この死亡保険金を、葬儀費用や当座の生活資金に充てることができれば、遺族は大助かり。また、相続税の非課税枠（192ページ参照）の問題もあるので、死亡保障は残しておくべきなのです。

死亡保障を外して、医療保障、介護保障を充実させませんかというのは、夫婦揃《そろ》った老後を考える方々には耳に優しい言葉です。

しかし、子育てが終わった50代半ばだと、両親が健在な方も多いと思われます。子どもは独立してお金はかからなくなったとしたら、今度は両親の老後の資金を少しでも残してあげてもいいのではないでしょうか。また、長男以外の方だと、自分が入るお墓の準備が必要になることもあります。死亡保険金があれば、お墓を建てる資金にも役立てることができるのです。

【事例】

長崎県長崎市やその周辺市町村では、8月のお盆の時期の行事に「精霊流し《しょうりょう》」を行ないます。さだまさしの同名曲が大ヒットし、さらにテレビ化や映画化もされ、その名を知る方も多いでしょう。ちなみに、全国で行われる「灯篭流し《とうろう》」とは別の行事です。

この精霊流し、歌のイメージから、静かで物悲しい行事を想像しがちですが、実際の精霊流しはまったく違うものなのです。

「ちゃんこんちゃんこん」という鳴り響く鐘の音と、「どーい、どい」の掛け声とともに、初盆を迎える家庭が手作りした精霊船を引いて街を練り歩きます。

精霊船は大小さまざまで、故人の写真や提灯が飾られています。この精霊船に故人の霊を乗せて流し場と呼ばれる終着点まで運ぶのです。昔は本当に、ここから海に流したようですが、今は環境に配慮して海に流されることはなくなりました。少し寂しい気もしますが、今は海に流せば不法投棄となるため、流し場から焼却場へ運ばれるそうです。

さらに精霊船の周りでは、いたる所で大量の爆竹が鳴らされ賑やかです。まるで中国の旧正月のお祝いのようです。この日、長崎市内では、鳴らされた爆竹の紙が雪のように積もると言います。さだまさしの楽曲と違い、このようなとても賑やかな行事ですが、死者の霊を送る行事ですので、華やかななかにも遺族の悲しみが溢れていることに違いはありません。

家族が作る精霊船は、予算1万円ぐらいの小さなものから、予算が300万円～400万円もかけた大きな船までさまざまです。

お金持ちの家ほど立派な船を造るとされますが、貧しくても亡くなった方への感謝の意を込めて、できる限り精一杯大きな船を作り、霊を見送ってあげたいというのも人情でしょう。

「お金が無いから、小さな船でごめんね」

などと、遺族に思わせるのはいかがなものでしょうか。残してあげる遺族補償があれば、そんな寂しい気分にさせないで済むのです。

また、葬儀にお金をかける地域もあるようなので、子育てが終わっても死亡保障は必要ないということはないのです。

死亡保障は遺された家族のための保険です。縁起でもないかもしれませんが、常に自分が家族を遺して先立った場面を想定して保険をかけておく必要があるのです。学費がかかる時期が終わったから保障は下げられるというのは間違いです。その後、自身に万一のときは、奥様の老後資金であったり、緊急なときの予備費はしっかり備えておく必要があるのです。

また、公的な遺族基礎年金は、子どものいない奥様には出ません。子育てが終わった奥様=子どものいない奥様とされますので、子育ての終わった世代には遺族基礎年金は出ないことを忘れないでおいてください。

10・長期間加入している保険は解約したら損ってホント？

「保険を解約したら返ってくる金額が少ない」
「解約したら配当金がなくなってしまう」
「解約したら保険会社だけが儲かるようになっているのでしょ」

などと思っている方が、いまだに多いようです。

保険会社は将来、保険加入者に対して保険契約上の支払い責任を履行するために、保険料やその運用収益などを積み立てておかなければなりません。そのお金を「責任準備金」といいます。この責任準備金の積み立ては、法律で義務付けられているのです。そして、加入している保険の種類にもよりますが、保険契約を途中で解約した場合に、その積立金の一部が「解約返戻金」として払い戻されます。通常、定期保険では解約返戻金はまったくないか、あったとしても非常に少額で、終身保険や養老保険など貯蓄性の高い保険ほど解約返戻金は多くなります。この解約返戻金がまったくないか、または非常に少額な保険に加入された方が、途中で保険を解約すると、とても損した気分に陥ることがあります。

自分が加入しようとしている保険がどちらの保険なのか、契約時に確認しておきたい点です。

　この解約返戻金が多い保険は月々の保険料が高額になり、解約返戻金が少ないかまったくない保険は貯蓄性が低いため月々の保険料がかなり安くなります。そのため、初めから「解約返戻金ゼロ」を謳《うた》い文句に、月々の支払いを安く設定した保険もあるくらいです。

　さらに、保険に加入した当初は諸経費がかかるため、責任準備金からこの諸経費が差し引かれます。この諸経費を

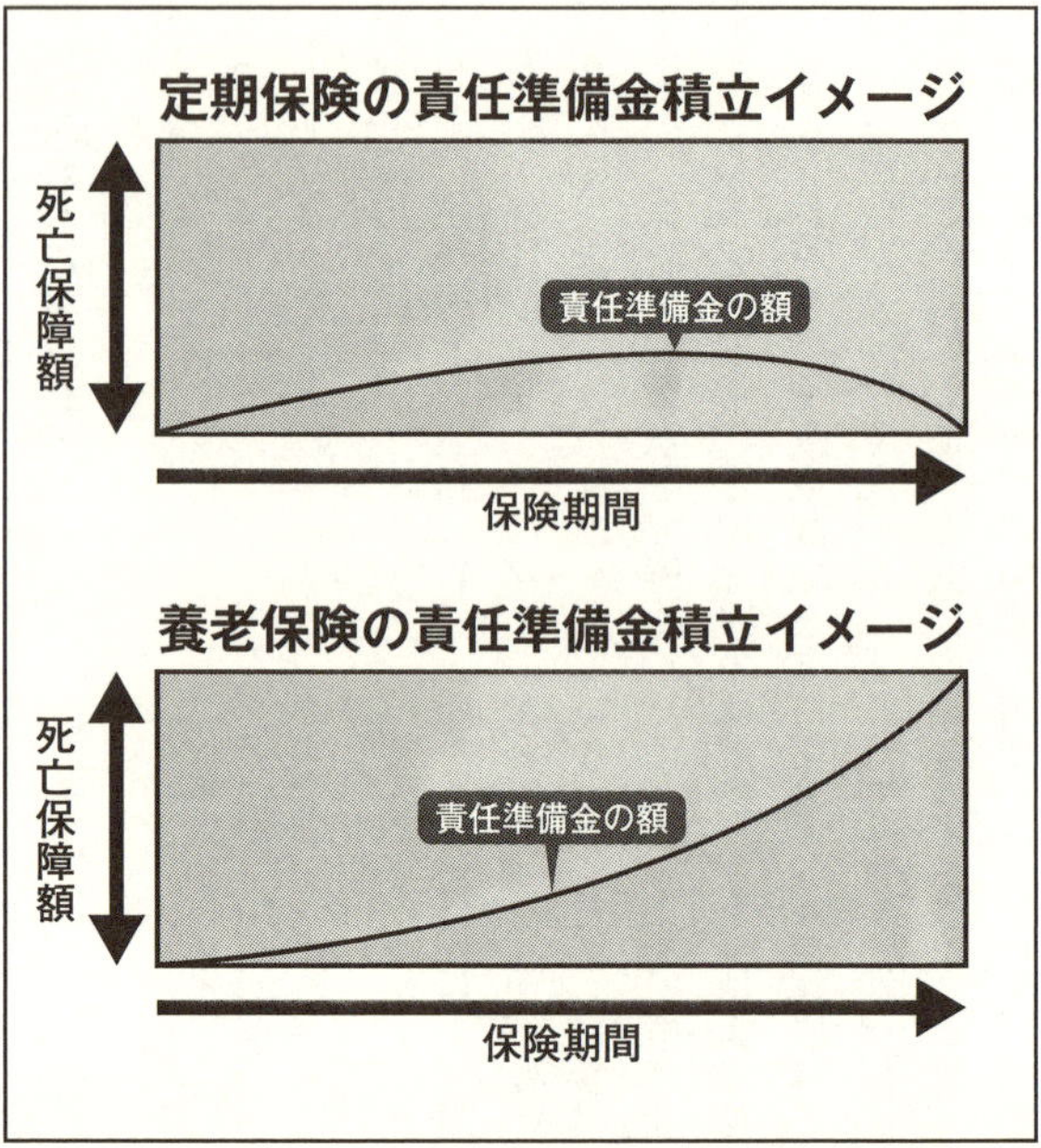

一般的には保険会社は「解約控除」と呼んでいます。

ちなみに、近頃では銀行などが募集代理店登録を受けて、保険募集を行なっています。これを「銀行窓販」といい、銀行窓販で販売されている年金保険などは、保険会社や保険種類にもよりますが、1年未満は5パーセント、2年目未満は4・5パーセント、3年目は4パーセントというように、初めからお客へ解約控除率を表示して販売している商品もあります。また、同じ銀行窓販の変額年金などでは、運用益が上がったとしても早く解約されると、運用益が減額されるので、

「せめて5年ぐらいは手元に置いてください」

ということが組み込まれている商品も多いのです。最近では、初めから解約控除がないという商品も出てきているようです。

ただ、加入して10年も経つと、このような解約控除はまったくなくなり、途中で解約したから損をするということはありません。保険会社が契約者から得る利益は保険契約後5年〜10年の間に設定されているため、10年を超えるとどの保険会社でも契約者の利益はすべて契約者に還元されます。保険は加入後10年経つと、途中で解約してもしなくても同じなのです。

昔は、保険を契約すると、「配当金が出る」と思われている方が多かったようです。そのため、保険といえば「配当」というイメージが強かったのです。それは、なぜでしょうか。保険はお客から保険料を預かった段階で、必ず予定しているものがあります。項目5でも説明しましたが、「予定利率」「予定事業費率」「予定死亡率」の3つです。この3つをあらかじめ決めているので、保険契約者から保険料を預かることができます。ところが実際に運用してみると予想と反することもあるのです。20年前や30年前の契約だと、今よりも死亡率が高く想定されているため、実際の死亡率が予定死亡率よりも低かった場合、その差額が生じます。この差額によって剰余金が生じた場合に、剰余金の還元として保険契約者に返すのが配当金です。この配当金ですが、昨今は、運用利率が低下しているため、大きな配当金が期待できなくなってしまっているのです。

もうひとつ、名称は保険会社によって呼び方が異なりますが、保険には「特別配当」というものもあります。

保険会社は、保険契約者から預かった保険料を運用して利益を出しますが、なかには土地などの不動産に投資する場合もあるのです。こういった不動産は投資後30年など長期間経ったのちに売却すると、値段が跳ね上がっている場合があります。こういった長く預かった商品は特別な価値があるため、特別な配当を出すことが別途保険に組まれているのです。昔はこういった配当金が出ることがあったので、保険を途中で解約したら「損をする」というイメージがついてしまったようです。でも今は、ほとんどの会社が「無配当の保険」を売っているため配当が受け取れなくて……といったことも少なくなっています。

また、若い時に加入した保険と年齢が高くなってから加入した保険では、支払う保険料が違うので、損だというイメージを持つ年配の方もいるようです。ただ、予定利率が高いバブル期に入った終身保険や年金保険だと、加入した時期によっては「解約したら損」という方もいるかもしれません。

一方で、医療や介護などの保険は、商品自体の変化が激しいため、古い保険を後生大事に抱えている方が、実は損をしていると言うこともあるのです。

さらにいえば、予定死亡率が変更される前後だったり、予定事業費率が変わる前後だったりすると、保険料を見なおした方が安くなる方がいるのです。そのため、「決して長い間入っているから得だよ」ということはないと言うのが現状でしょう。

保険種類にもよるのですが、昔加入した年金保険などは「払済」にして、今から同じ保険料で新しい保険に別途加入した方が、両方合わせた年金額が大きくなるという逆転現象

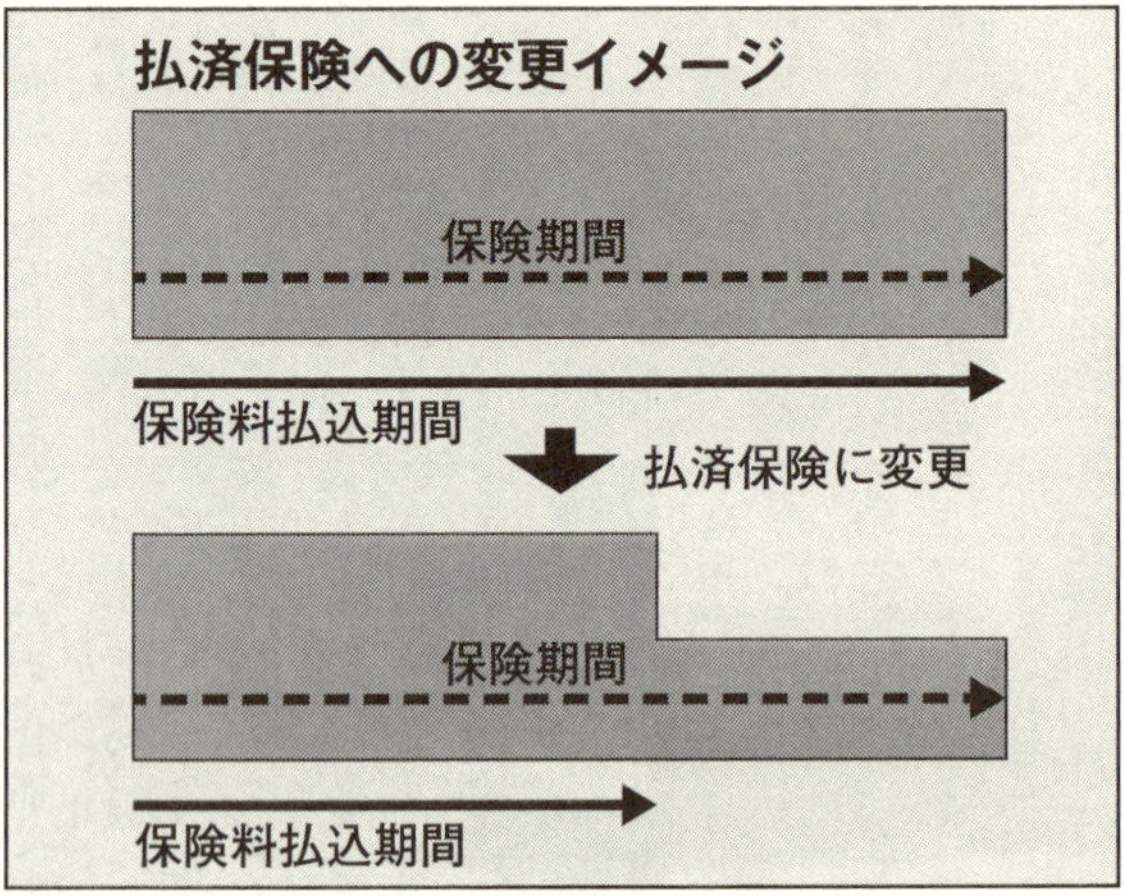

も起きているようです。

この「払済」は保険を解約するのではなく、保険料を払うのを止めて、そのときの解約返戻金で、残りの支払期間の保険料を納めてしまうという考え方です。当然、保障金額は減額になりますが、この保険に関しては保険料の支払いが必要なくなります。すると、今後払う予定の保険料が浮き、その浮いた保険料を使って、新たな保険に入るのです。年金保険は、続けた方が得だと思っている方が多いようですが、ちょっとした工夫で年金額が得になるケースもあるのです。

昔からある商品に、終身保険に定期がついた「定期付終身保険」があります。この保険を解約返戻金が多くなった時点で払済にすると、元の保険の終身保険より保険金額を大きくできることがあります。このように、解約するのではなく、終身保険を大きくして維持すると得になる方もいます（もちろん、保障額は契約時より少なくなります）。

また、定期付終身保険の死亡保障額が大きな方は、子どもが独立して高額な死亡保障がいらなくなった段階で払済にして終身保険だけを残し、それに医療保障を別途プラスする方法もあります。わかりやすく言えば、終身保険が１００万円、定期保険が２０００万円の定期付終身保険なら、保険を払済にすると、終身保険だけが１５０万円ほど維持できる計算になるのです。ただ計算額は、保険の加入時期などに左右されますので、ご自身の保険に関しては、担当の保険販売担当者にご相談ください。こうすれば、今後この保険の保険料は支払う必要がなくなりますが、保障は一生涯残せるのです。要するに、

「今払っている保険料を、以前から加入している保険に充てることがベストではない」

と言うことです。そして、

「今の自分の生活に何をどうプラスするかを考えるべきで、保険を解約すれば損ということだけではない」

と言えるでしょう。「解約したら損」ということだけに意識を持たないほうがよいのです。

さらに、注意が必要なのは、保険を担保に契約者貸付を受ける方です。貸付金は、自分が預けた保険料を「一時的に借りているだけ」と思っている方はいませんか？　貸付金は、保険を担保に保険会社からお金を借りているので、金利が取られているのです。貸付金の返済が滞ると、当然金利分が溜まっていくので返済額は増えてしまいます。貸付金が返せない場合は、保険を解約するか払済にすれば、借金である貸付金は精算できるのです。このように、貸付金のある方は解約したほうが得になる場合もあるのです。

では、自分の加入している保険が、その得するケースに該当するかどうかは、どうすればわかるのでしょうか？

申し訳ないのですが、保険商品ごとに契約内容が違うため、自分で判別するのは難しいようです。そのため、自分が加入している保険会社に聞くしか方法がないのです。自分を担当してくれている保険会社の保険販売担当者に保険の見直しを頼み、調べてもらうのがよいでしょう

このように、「保険は途中で止める」「解約する」いう選択肢の他に、「払済にする」という方法もあるので、どの方法を取るのが一番得になるかを判別するのは難しいのです。

そのためにも、今の自分にどのような保障が必要か明確なイメージをもって、

「今後このようにしたいけど、こうするためにはどのようにすればいいですか？」と、保険契約者がご自身のニーズをしっかり把握してから、保険のプロに相談する必要があるのです。

保険は契約者が洋服のように身にまとうものです。しかし、保険はいわば透明な洋服。見た目ではわかりません。そのため、保険が契約者に似合っているかどうかの判断は難しいのです。そこで、見た目ではなく仮縫いのように、保険のプロが契約者に触れてサイズが合っているかどうか判断する必要があるのです。

契約者の年齢、家族構成、将来の夢など、契約者と保険のプロがしっかり話し合って、着ている洋服に触れるようにすれば、ベストなサイズ、ベストな保険が選べ、よりよい未来設計を作り上げることができるのです。

また、透明な服は、太ってしまい洋服のボタンが飛びそうになっていることや、ズボンやスカートの丈が短くなっていることに気が付かない場合があるのです。そのため、体型や流行に合わせて洋服をリサイズしたりリメイクするように、保険も変える必要があるのです。

保険のプロから見れば、なかには、

「なぜ、このような保険を維持しているのだろうか?」

と思うような商品もあるのです。

「年をとってから保険を解約すると、新しい保険に加入しようと思っても、病気を理由に断られるのが怖い」

といって、保険を維持し続ける方もいます。ですが、今では病気になっても選べる保険もあるので、保険の見直しはするべきでしょう。

11・若いうちは、介護の保障は必要ないってホント？

保険は、必要になった時に初めて、そのありがたみがわかるのです。

「人はいつか死ぬ」ということは皆わかっています。しかし、要介護になるかどうかは、その人の運命次第。年を取ったから必ず要介護になるわけではなく、90歳になっても元気で介護の必要がない方もいらっしゃいます。そのため、介護保険の必要性がいまひとつわからないのが現状でしょう。

「介護保険って必要だと思う？」

このような質問を20代の方にしても、

「歳をとってみないとわからないよ。でも、今は必要ないんじゃない」

と答える方が多いでしょう。次に、中年世代に尋ねると、

「今は民間の介護保険に加入するお金の余裕がないし、万が一の時は、公的介護保険があるから大丈夫」

と、答える方が多いように思います。さらに、高齢者の方に尋ねると、このような返事が返ってくるでしょう。

「今は公的介護保険があるけれど、民間の介護保険にも入っておけばよかった」

多分、このように年代によっても意見はさまざまですし、またその方の置かれた立場によっても答えは変わるのです。

たとえ20代であっても、身の回りに介護を要する家族がいれば、他の20代の方々と意見はまったく違うはず。最終的に、保険が必要か必要でないかを判断するのは、自分しかいないのです。

公的な介護保険は2000年に開始された、まだ比較的新しい制度です。40歳以上の国民全員が強制的に加入させられ、被保険者となって保険料を納付します。やがて、介護の必要認定がされたときに、費用の一部を支払って「介護サービス」を利用することができる制度です。被保険者は、65歳以上の方を「第1号被保険者」、40歳以上65歳未満の方を「第2号被保険者」と分けています。

この違いは、第1号被保険者は、要介護状態になると、その原因が何であろうとも、公的介護保険のサービスを受けることができます。しかし、第2号被保険者は、特定の病気にかかり要介護状態になった場合だけ介護サービスを受けることができるのです。その病気は113ページの表を御覧ください。

公的介護保険で40歳～65歳未満の方が給付対象となる16種類の特定疾病

	特定疾病の範囲
1	がん【がん末期】 (医師が一般に認められている医学的知見に基づき回復の見込みがない状態に至ったと判断したものに限る)
2	関節リウマチ
3	筋萎縮性側索硬化症
4	後縦靱帯骨化症
5	骨折を伴う骨粗鬆症
6	初老期における認知症
7	進行性核上性麻痺、大脳皮質基底核変性症及びパーキンソン病 【パーキンソン病関連疾患】
8	脊髄小脳変性症
9	脊柱管狭窄症
10	早老症
11	多系統萎縮症
12	糖尿病性神経障害、糖尿病性腎症及び糖尿病性網膜症
13	脳血管疾患
14	閉塞性動脈硬化症
15	慢性閉塞性肺疾患
16	両側の膝関節又は股関節に著しい変形を伴う変形性関節症

※出典：厚生労働省HPに基づき作成

このように、同じ保険に加入しているにもかかわらず40歳から65歳未満までの方は給付対象に制限がかけられています。また、公的介護保険は、交通事故などにより寝たきりとなった場合には対応していません。さらに、40歳になるまでは公的な介護保険はないのです。

厚生労働省のHPによれば、

「高齢者が尊厳を保ちながら暮らし続けることができる社会の実現を目指して」と、あります。介護保険は加齢により寝たきりになった高齢者を守るために作られた保険制度なのです。そのため、公的介護保険は65歳以上の方が、手厚く保護されるようになっているのです。

公的介護保険があるから大丈夫と、思い込んでいる中年世代の方はいませんか？　40歳から65歳未満までの方は要介護状態になったからといっても介護保険が下りるとは限りません。現在の介護保険制度が開始される前は、各市町村が介護保障を独自に行なっていました。その当時は、年齢にかかわらず誰でも介護保障を受けることができる自治体もありました。

でも今は、40歳以上65歳未満と65歳以上の区切りが付けられ、保障の範囲も異っています。そのため若い方は、

「特に自分とは関係ない」

との思いからか、介護保険に目を向けない方が多いようです。

公的な介護保険は若い方を保障しませんが、若くても要介護状態にならないとはいいきれないのです。

【事例1】

長野県在住のWさん（25歳）は、友人とスノーボードを楽しんでいる最中、バランスを崩して後方に転倒。頸椎《けいつい》を損傷したため下半身不随となってしまいました。ただ、Wさんには、高校時代の同級生で、バイクの自損事故から車いすの生活を余儀なくされた友人がいたのです。なお下図は「年齢層別交通事故負傷者数」を図にしたもので、約

年齢層別交通事故負傷者数

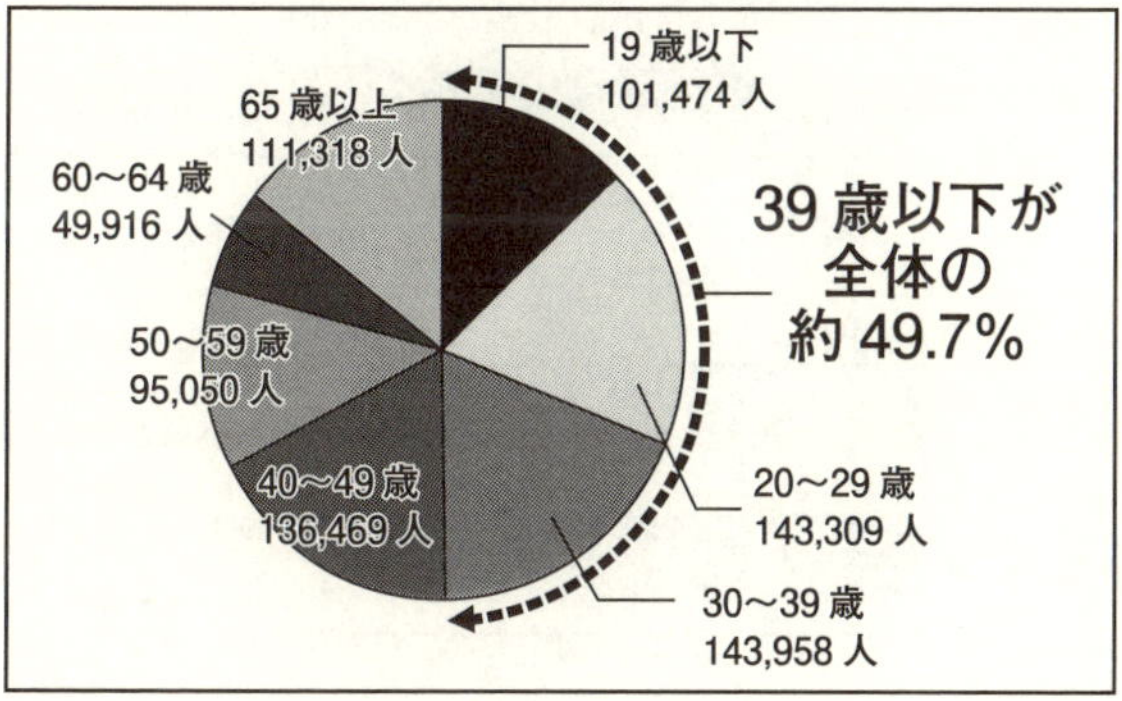

半数が39歳以下となっています。若くても、交通事故を避ける事はできません。この友人は一時払いのバイク保険にしか加入していなかったため、事故当時に支払われた1000万円はすぐに使いきり、今では苦しい生活を送っているのです。

その姿を見ていたWさんは、20代にもかかわらず介護保険にも加入していました。しかも障害を負うと、一生涯にわたり年金が出続ける終身の介護保険です。下図の「年齢層別介護期間」を見てもらえばわかるように、年齢が若い人ほど人生は長く、介護に要する期間も長くなっていくのです。

最近の民間介護保険は、公的介護保険と連動しているものが多いため、障害を負われた方と保険会社の間で査定をめぐって揉《も》めることはまずありません。しかし、公的介護保険と連動していない保険に加入していると、保

年齢層別介護期間

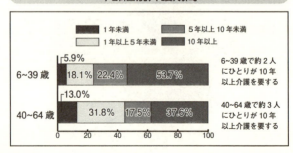

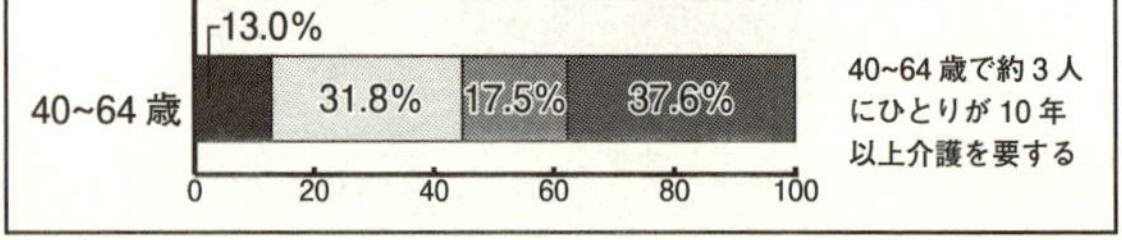

そうです。

険会社が独自に障害の程度を査定するため「それは約束が違う」など、揉めることもある

Wさんは25歳なので、公的介護保険はありません。そのため、保険会社の独自査定となったのですが、車いす状態になったためか、揉めることなく保険金が支払われました。その金額も、年間300万円が保障される終身の介護保険に入っていたため、現在25歳のWさんが日本人男性の平均寿命の80歳まで生きたとしたら、介護保険金で、1億6500万円もらえる計算になるのです。また、当然ですが今後の保険料を払う必要もありません。

若いからといって介護が必要になるのは事故だけとは限りません。若くても、脳内出血などにより片側半身不随になる人もいます。

治療やリハビリが長期に及んだり、生活するための資金も必要になります。今は、生活サポートというかたちで一生涯の保障が付いた商品もあり、そのお金を治療費に充て続けることができると思えば不安の解消に繋がります。さらに、終身の介護保険をつけていると、生活費も保障されるのです。

終身の介護保険に加入していなかったため、このような思いをされた方もいます。

【事例2】

埼玉県在住のTさん（38歳）に、肺がんが見つかったのは2年前のことです。緊急に外科手術を行なったのですが、すでに手遅れでした。がんは転移しており、現在はホスピスに入っています。ホスピスは、治癒がかなわなくなった、がん患者などを受け入れる施設です。

Tさんも、生命保険やがん保険には加入していました。しかし、がん保険で支払われた保険金はすでに、手術やその後の治療で使いきっています。さらに、生命保険にはリビングニーズ特約を付けていたため、この保険金も治療費として使いきっているのです。

ちなみに、リビングニーズ特約とは、がん患者などが医師から余命6ヵ月の宣告を受けた時、契約している死亡保険金の一部を生前に受け取れるというものです。

さらに、追い打ちをかけるように、発病からまる2年が経ったTさんは、もうじき会社の規定により解雇されるのです。

38歳のため、公的な介護保険はまだありません。会社を解雇されれば収入も途絶えます。

そのためTさんは、苦労をかける家族への詫びの気持ちを抱きながら、命が燃え尽きるのをベッドの上で待つ日々なのです。

介護のような長期にわたるものは、一生涯を保障する保険が必要です。さらに今は、介護離職が社会問題となっています。

たとえば出産であれば、1年後には子どもがこう成長して、2年後、3年後と、将来の予測がつくため、

「出産費用はこれくらい、養育費にこれくらいを用意しておこう」

というのが先に計算できます。

しかし、病気の介護は、これから先何年続くかわからないのです。そのため、準備のしようがないのです。

また、高齢者の介護だとある程度先が見通せますが、若い世代は介護になったら先が見えず、絶望が先に来てしまうのです。【事例1】のWさんは、自分が車いすの生活になり、会社を辞めました。でも民間の介護保険に加入していたおかげで、支払われた介護一時金で家を車いすで生活できるようにリフォームし、さらに自宅でレザークラフトの会社を立ち上げたのです。Wさんが民間の介護保険に加入していなければ、このような夢も叶《かな》わなかったでしょう。Wさんが要介護状態になったのは25歳で、公的保険の対象外でしたが、

仮に公的な介護保険があったとしても、このような夢を実現できたかはわかりません。なぜかと言えば、公的介護保険は、保険金が下りるわけではないからです。

10～20代のころは、自分でも驚くほど無茶なことをするものです。そのため、事故率の低い40～50代と比較して、自動車保険料も高く設定されています。それでも10～20代は、高い保険料を払いながら車を運転するのです。

それならなぜ、車いすになった時の保険は考えておかないのでしょうか？

車いすになれば、公的の障害年金は一生涯出ます。でも、それだけでは生活は成り立たないのです。

若い方ほどよく考えてください。モーター

身体障害者手帳新規交付者数

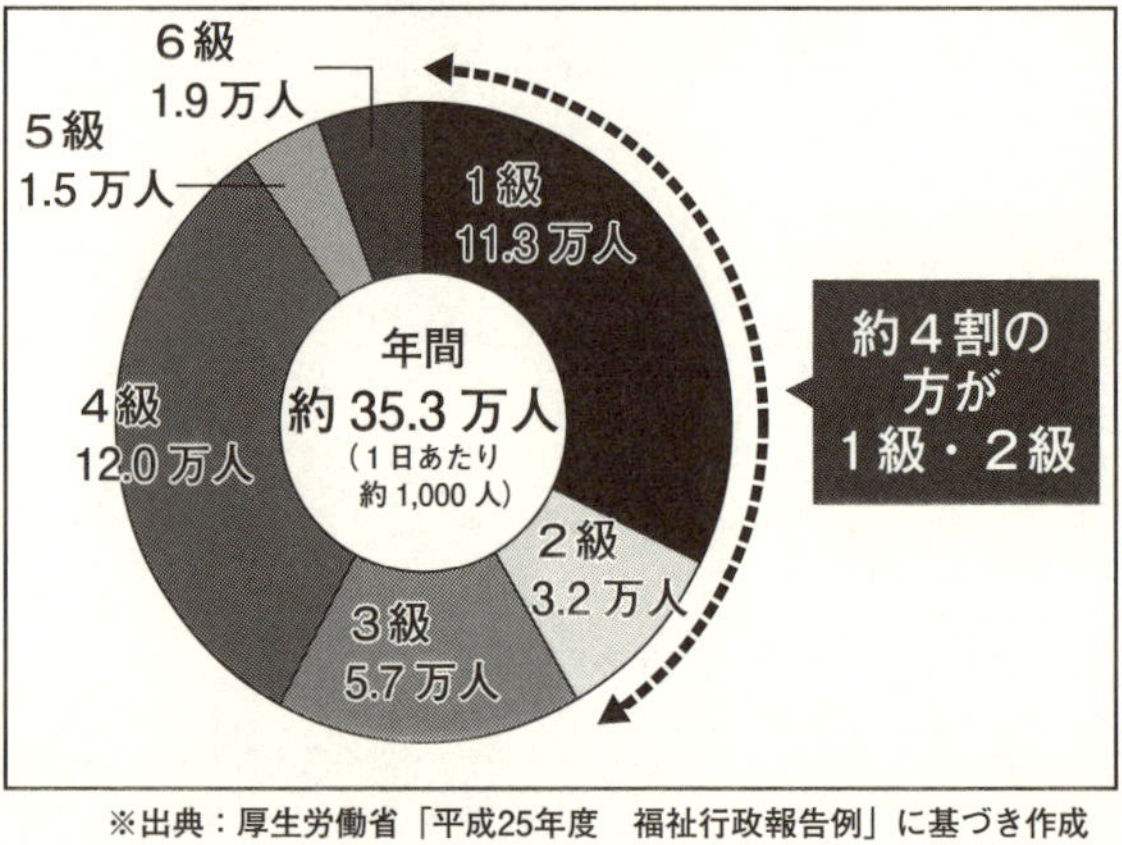

※出典：厚生労働省「平成25年度　福祉行政報告例」に基づき作成

スポーツ以外にも、サーフィン、ダイビング、スノーボードなど、若い人が好きなものは、スリルが味わえる危険なものほど人気が高いのです。事故を起こして死んでしまえば諦めもつくでしょう。しかし万が一、障がい者となった場合は、不自由な体で残りの人生を歩んでいかなければならないのです。

120ページの図は「身体障害者手帳新規交付者数」を表しています。実は、新規で身体障害者手帳を交付する方は、ここ10年で約78万人も増加し、今ではなんと1日あたり1000人にも上ります。また、新規で身体障害者手帳を交付される方の4割が、1級か2級の障害を負っているのです。その怖さを思えば、若い人ほど介護保険が必要と言えるでしょう。

12・病気をすると保険に入れないってホント？

日本に初めて近代的な保険会社が設立されたのは明治14年、西暦でいえば1881年のことです。生命保険は、日常起こるリスクや将来起こりうるリスクに対し、大勢の人が保険料を公平に負担し、その貯まった保険料をいざというときに給付する、「相互扶助」を理念に成り立っているものです。そのため、健康状態の悪い人や、命の危険が高い職業に従事している人などが加入してしまうと、保険のリスクが高まり、健康な方や安全な職業の方との保険料負担が不公平となってしまうのです。そのように不公平とならないために、保険加入時に健康状態や職業についての「告知義務」があるのです「告知義務」は守らなければなりませんが、以前に比べて最近は、色々と規制緩和がされています。テレビコマーシャルでも有名になりましたが、「誰でも入れます」を謳っている保険があります。

この保険は、過去の病歴や持病など健康上の理由で、保険に加入できなかった方でも加入することができる保険です。また、通常の保険のように、医師の診査や告知がなくても誰でも入れます。このような保険を「無選択型保険」と呼んでいます。無選択型保険のメリットは、健康状態に関係なく「誰でも保険に加入できる」ことですが、逆にデメリットは、保険会社の引き受けリスクが高いため一般的に保険料は割高であり、保障内容は保険料の割に厳しいものが多いようです。

新たに保険に加入できない方にはとてもよい保険かもしれませんが、すぐに「誰でも入れます保険」に飛びつかない方がいいでしょう。

今の保険の健康状態の告知項目としては、大きく分けると、「最近3ヵ月以内の健康状態について」「過去2年以内の健康診断結果について」「過去5年以内の病気やケガについて」「悪性新生物診断経験について」「身体の障害について」となっています。

昔は、「他に何かありますか?」というような質問ができたのですが、保険法が改正され、今はこのような質問はできませんし、保険会社の質問項目以外に加入者は、答える義務もなくなっています。

一度がんにかかった方には、もう自分は一生保険に入れないと思っている方もいます。というのも、以前は再発の恐れがないといわれる「5年生存」をクリアしていても保険会社は契約を引き受けていませんでした。しかし、ここ数年の間には「5年生存」を条件とした契約引受けや「2年経過」や最近では現在治療中でもOKという商品も見られるようになりました。ケガをした場合では、たとえば骨折で入院し治療に苦労したとしても、退院直後でも完治の告知であれば加入可能の場合もあります。また、その部位に不担保期間を設けて引き受ける場合や、骨折治療で体内に残されたボルトを取り出すような手術では手術給付金は出ませんよ、などの条件付きで引き受ける場合もあるようです。再発性の高い肺の病気である「肺気胸」でも、手術後一ヵ月くらいで保険に入れる場合もあれば、C型肝炎を患われている方でも、きちんと治療を受けているという医的な証明を出せば「特別条件付き」で加入できる場合もあります。

慢性疾患の方も、慢性疾患が医者の指導によりコントロールされている詳細なデータの提出で、保険の加入が認められるようになってきました。その対応は各社まちまちなので注意が必要ですが、「病気＝入れない」というわけではないのです。

また、「薬の服用」を告知すると加入できないか、仮に加入できてもさまざまな条件が付くだろうと考えがちですが、たとえば血圧が高いと健康診断で指摘された場合、血圧降下剤の服用で血圧が安定していて他に問題がなければ無条件で加入できるケースもあります。規則正しく医師の指導を守って薬を服用している方と、薬を服用せずに野放し状態にしている方を比べてみれば、保険会社にとって引き受けのリスクには、雲泥の差があるということです。

診査を受けて保険に加入する場合、契約内容によっては指定された医師によって血圧測定、尿検査、触診等の他に心電図や血液検査など、さらに細部まで調べる場合もあります。

この結果は、受診者にとっては検査当日のぶっつけ本番の測定値ということになります。日頃は低めの血圧が検査という緊張感によって上がる場合や、診査前の運動や飲食物によって心電図や尿検査に異常値として表示されてしまうケースもあります。残念ながら日頃は正常な数値で異常なしであっても、診査結果はそのまま加入の際の査定判定数値として用いられてしまいますので大変重要です。

保険会社では、定期的により詳細な健康診断を受診されている方を、査定上たいへん有利に取り扱っているのです。実は、会社や住所地で行なわれる一般的な健康診断を受けている方と、人間ドックのフルコース検診を定期的に受診されている方では差が付けられているのです。たとえば尿検査の結果、両者の尿糖数値が基準値を超えていたケースで、前者には割増保険料の条件が付き、後者は無条件で引き受けするという査定結果もあるということです。

日頃から自分の健康に関心を持ち、しっかりと自己管理をしている方が保険会社にとっては「安全な人」「安心な人」と言えるのです。

このように健康上の問題や既往症があっても、一般の健康な方と同じ保険に加入できる場合もありますのでチャレンジしてみる価値はあります。ただ、いくら普通の保険に加入したいからといって、現在の健康状態、過去の傷病歴について事実を告げなかったり、偽りの告知をしたりすると「告知義務違反」に問われてしまいます。告知義務違反に問われると、せっかくの保険契約も解除されることになります。または、支払われるべき死亡保険金や給付金が出ないことにもなり、さらに悪質な場合には、詐欺とみなされ詐欺罪が適用される場合もあるのです。

生命保険は、多数の人々が保険料を出し合うことで成り立っているのですから、自分だけ抜け駆けするようなことを考えてはいけません。保険が必要だと思っても、過去の病歴や現在の健康状態が不安な時、一番手っ取り早く加入できるのが「誰でも入れます保険」です。しかしながら、手っ取り早く入れる「割高」な保険に走ってしまう前に、まずは給付内容が厚く守備範囲の広い保険商品を選んでトライしてみてはいかがでしょうか。そのためにも自らの健康状態を見つめ直し、少しでも健康体へ改善していく、また健康体を保つ努力が必要と言えます。

第二章　アフターサービスと保険のウソ・ホント

13・高齢者が加入する保険は国内生保がよいってホント？

団塊の世代が定年退職を迎えた日本は、さらなる高齢化社会に突入していきます。女性の平均寿命が86歳、男性も80歳を超える時代、90歳や１００歳以上の高齢者は、もはや珍しくない時代になっているのです。

そのような高齢者が望むのは、

「昨日まで、あんなに元気だったのに……」

と言われるような逝き方ではないでしょうか。

しかし実際のところ、このような理想的な亡くなり方は稀なのです。残念ながら、大多数の方には老人介護の問題が発生します。

全国の高齢者を20年間にわたり追跡調査した統計によりますと、男性の約1割が「ついこの間まで元気だったのに……」という理想的な亡くなり方をします。そして、約7割の方が、70歳代くらいから日常生活に支障をきたし、徐々に介護が必要になってしまいます。そして、60歳代前半から病気などが原因で要介護になり70歳代から寝たきりになってしまう方が約2割もいるそうです。ということは、程度の差こそあれ、男性のなんと9割が介護の世話になり、介護保険を使うのです。

こういう統計を耳にすると、

「私が頑張って、主人を介護しなければ」

と考える奥様は多いでしょう。

しかし、この統計には衝撃の事実があるのです。

同統計で女性を見ると、「ついこの間まで元気だったのに……」という、理想的な亡くなり方ができる方は、男性よりはるかに少ない1パーセント未満。70歳代から日常生活に何かしらの支障をきたしはじめ、次第に要介護となる方が実に9割弱もいらっしゃるのです。さらに、こちらも病気などが原因で60歳代から要介護となり、70歳代から寝たきりになる方は、1割強にも上っています。

男性と比べ、女性では完全な寝たきりになる方は少ないのですが、介護を必要とする方の割合は男性より多いことが、統計からも明らかです。さらに、女性は男性より長生きなので、介護を必要とする期間も長くなります。しかし多くの女性は、自分が寝たきりになって介護してもらうことは意識していないのです。

このような統計があるにもかかわらず、いまだ私的介護保険の加入者が少ない現実があります。

たしかに、人生のリスクに対して、公的保障もなされています。しかし、公的保障は万能ではありません。国は年金制度を破綻させないため、さまざまな方策を採っています。年金支給額の減額や年金受給開始年齢の引き下げなどは、今後も行なわれるでしょう。そうなった時に、退職時点から年金受給開始までの収入はどのように確保しますか？　また、減額された年金だけで、あなたは暮らしていけるのですか？　このような時のために備えておきたいのが民間の保険なのです。

しかし、これからやってくる超高齢化社会は、また別の試練を我々に与えてきます。保険が請求型だというのは、よくご存知だと思います。被保険者が亡くなられると、受取人は生命保険会社に対して、死亡保険金の請求をしなくてはなりません。

しかし、このような事例があります。

【事例1】

ある国内生保に、日系アメリカ人女性のY子さん（57歳）から電話がかかってきました。Y子さんは、父親がアメリカ人で、母親が日本人です。両親は30年以上前に離婚し、Y子さんは父親に引き取られ、アメリカで育ちました。現在はアメリカ人男性と結婚して、サンフランシスコで暮らしています。

そのため、日本語の語学力は、まったく話せないといったレベルです。このY子さんの、日本で暮らす母親が亡くなられました。ただ生前、母親から生命保険をかけてあると言われていたため、葬儀で来日した折に生命保険証券を探したそうですが、見つけることができません。そこで、直接生命保険会社に電話を掛けてきたのです。

たまたま、この会社では電話交換手が機転を利かせ「国際部」に繋ぎ、英語の話せる職員がY子さんの相談内容を把握することができました。そこで、さっそくY子さんの母親の契約があるか調べたところ、過去の契約はあったのですが、5年前に満期を迎え契約は終了していたのです。

残念がるY子さんに、

「もしかすると、他の生命保険会社にご契約があるかもしれないですよ」

と励ますと、この会社に連絡を入れる前に、他社にも連絡をしたそうですが、英語で対応してくれる会社が少なかったといいます。そこで担当者が、Y子さんが日本語で問い合わせる事ができる文面をローマ字で作ってあげたそうです。

その後、
「おかげさまで、母の残してくれた生命保険が見つかりました」
との礼状が届きました。

これは、ほんの一例に過ぎません。今までは、このように死亡保険金は生命保険会社へ請求しないと受け取れなかったのです。そのため、ひとり暮らしの方が倒れたり、亡くなられたときに、死亡保険金や医療保険が支払われないこともありました。保険会社としても、被保険者の現在の状況がわからなければ対処のしようがないからです。高齢化が加速すれば、これからますますこのような事態が増えるでしょう。

せっかく、残される家族のために保険に加入しても、死亡保険金がもらえなければ意味がありません。

これまでの生命保険の入院保障は、80歳までで終わっていました。それは、平均寿命が短く、80歳を超

私的保障
死亡保険
疾病入院保険
がん保険 特定疾病保障保険
介護保険
個人年金

えると入院保障は意味を成さないと思われていたからです。そのため、2005年までは、80歳満期といわれていました。

しかし今は平均寿命も伸び、そのため終身保障が主流となってきました。入院保障も「一生涯の保障」が当たり前になってきたのです。

この、一生涯の保障が当たり前となったことで、問題となるのが老年性認知症です。

生命保険に加入した本人が認知症になってしまうと、保険の存在自体が誰にもわからなくなってしまいます。

そのため、今までの請求型から、「請求確認型」への移行が急務となり、国内生保が「契約確認活動」を行なうようになってきました。

ただ、2003年に個人情報保護法が成立したあと

人生のリスクと保障

人生のリスク	公的保障
万が一のリスク	遺族年金
病気・ケガのリスク	健康保険
重い病気のリスク	健康保険・雇用保険
障がい・介護のリスク	障害年金・介護年金
長生きのリスク	老齢年金

くらいから、生命保険の保険販売担当者が自宅を訪れることを快く思わない方が増えてきました。自宅を保険販売担当者が訪れ、契約の確認をすることを鬱陶《うっとう》しく思われる加入者も多いのです。他方、ネット型や店舗型ショップで生命保険に加入する方も増えています。

たしかに、20歳～40歳代でしたら、自分が入っている保険を把握していて当たり前です。しかし、50歳、60歳、70歳、80歳と齢を重ねていって、自分が認知症や寝たきりになり、加入している保険がわからなくなるかもしれないとは想像できないのでしょうか？

さらに、年齢を重ねると、新しい保険に加入しづらくなってきます。そうなると、保険会社の保険販売担当者は足が遠のきます。新規の保険を勧めに来なくなるからです。保険加入を勧めに来られると面倒くさいというのは一理あります。しかし、保険会社の人間と接点がなくなると、保険の管理は自分で行なわなければならなくなるのです。

では、なぜ国内生保が、このような「請求確認型」への移行を開始したのでしょうか？きっかけは、２０１１年3月11日の東日本大震災でした。

保険会社には、被保険者が亡くなられていた場合や、病気になられた場合に、死亡保険金を支払う義務が生じます。しかし東日本大震災では、津波により保険契約者も被保険者も、受取人さえも亡くなられてしまった家族もいるのです。

それ以前の大災害である1995年1月17日の阪神淡路大震災では、火災は起きましたが、自宅周辺や近所の避難所などでの聞き込みで、被災者の消息はすぐに確認できました。

しかし東日本大震災では、津波により町や村ごと流されてしまったのです。そこで、多くの国内生保では、地元の保険販売担当者が周辺の避難所を探しまわり、被保険者の消息を確認して歩いたのです。さらに、被保険者が亡くなられていた場合には、勤め先の会社に聞いたり、保険販売担当者のかすかな記憶の糸を辿《たど》り、死亡保険金の受取人を探しだして、死亡保険金を支払っていったのです。

死亡保険金を受け取れるということは、近しい身内に不幸が遭ったからです。悲しみに暮れる遺族にとって死亡保険金は、慰めにこそならないかもしれませんが、確実に明日への希望になります。死亡保険に加入していた方の、家族への思いは確実に伝わるのです。

ところが、地元に根付いた保険販売担当者を持たない外資系生保などでは、このような活動が行なえないため、いまだに死亡保険金を払えていない会社もあるようです。保険販売担当者が一軒一軒訪問する生命保険会社と、そうでない会社とでは、このような場合にその差が現れます。せっかく死亡保険に加入していたのに、生命保険会社が死亡保険金を届けてくれなければ、保険加入者の思いは家族には伝わらないのです。

また、東日本大震災の際、外資系生保のなかには、従業員の命が危険だからといって、「こちらでは受け付けできません」との張り紙を残し、被災地の事務所を閉めてしまったところや、東京に住む役職員を危険から守るため九州某県に避難させ、保険加入者との連絡は、安全な福岡県のコールセンターで対応した会社もあると言います。さらには、海外に脱出した外資系生命保険会社もあると言います。なんと社員思いの会社なのでしょう。

たしかに、わざわざ会わなくても、電話で話せば用は足りるかもしれません。でも、いざという時に、

「あとは電話で」

という生命保険会社と、避難所を訪ね歩き、死亡保険金を届けてくれる会社と、あなたはどちらを信用しますか?

このように、避難所を訪ね歩くことは、保険会社としては当然の義務かもしれませんが、東日本大震災の被害規模があまりにも大きく、安否確認と保険金等のお支払い活動には手間がかかり苦労が多かったのは事実です。そこで保険会社が考えだしたのが、「第二連絡先を登録していこう」などの、新たな活動でした。国内大手の生命保険会社では、65歳以上の被保険者の方に特にお願いしているそうです。

「遠くの親戚より近くの他人」とも言いますが、第二連絡先には東日本大震災の教訓を活かし、できるだけ現在の住まいから離れた場所に住んでいる方を記入してもらうようにしているそうです。さらに、90歳以上の高齢者の方には、連絡先確認と請求確認を定期的に行なうようになりつつあります。

保険に加入すると、保険会社が最後まで面倒をみてくれると、勝手に決めてかかっている方もいるようです。国内生保は、担当者が定年を迎えても次の担当者に引き継がれるため、比較的安心度は高いかもしれません。しかし、外資系生保には、そのようなサービスはありません。そのため、保険料を多少安くできるのです。

生命保険に加入し、あとは自分ですべてを管理できる方なら、安い保険会社を選ぶのもよいでしょう。ただ、終身の医療保険に加入するのであれば、自身の老後まで考慮して保険会社を選ばなくてはいけません。

たしかに、

「パソコンで簡単に手続きできます」

というのは、インターネットが使えて、自分の保険を自身で管理できる方にはとても便利なシステムです。しかし、お年寄りだと、そうはいかないのです。パソコンを使えない情報弱者にも、保険を必要としている方は必ずいるのです。

近頃は電化製品も、取扱説明書がインターネットにアップされているものが増えてきています。しかしこれも、若者には便利かもしれませんが、パソコンが使えない方はどうすればよいのでしょうか？　そのため高齢者は、電化製品を配達時に使い方まで説明してくれる会社で買うそうです。今に保険も、そんな時代がやってくるのではないでしょうか。

ただ、若くてパソコンを簡単に使える方も、必ず年はとります。数十年後、自分が高齢者になった頃や、事故や病

平均寿命と健康寿命の年次推移

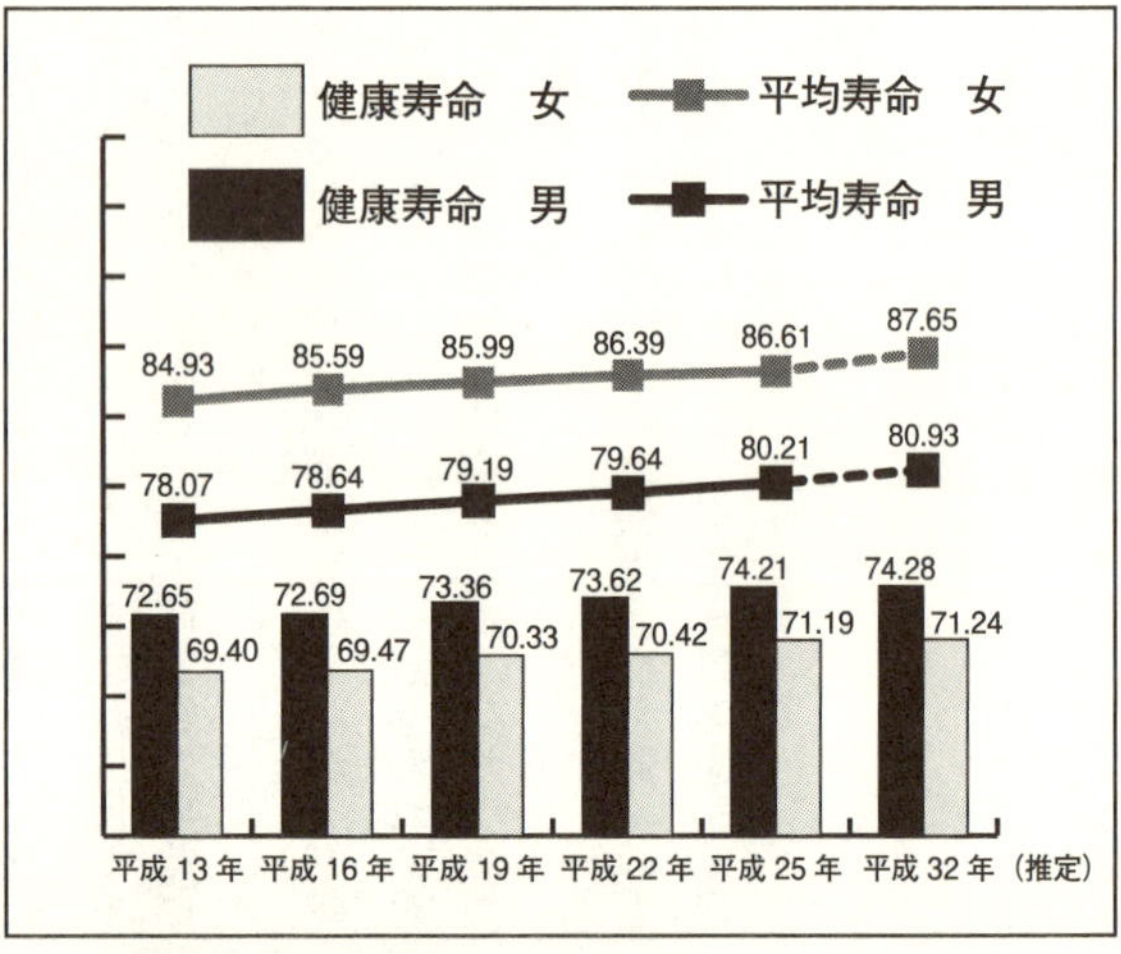

出典：平均寿命　厚生労働省
健康寿命　厚生労働科学研究費補助金
「健康寿命における将来予測と生活習慣病対策の費用対効果に関する研究」

気で寝たきりになっても、サクサクとパソコンを使いこなす自信がありますか？

138ページの「平均寿命と健康寿命の年次推移」を見てみてください。平成25年の時点で平均寿命と健康寿命の差が男性で約6歳。女性では、15歳ほどの差があるのです。この差が大きければ大きいほど、寝たきりなどの要介護の期間が長いということです。

医療保険を請求したくても請求できなくなる日は必ずやってきます。そのような時には、加入者に優しく寄り添って、常に契約内容を確認して、被保険者が亡くなられた後も遺族に死亡保険を手渡してくれる会社が大切になってくるのでしょう。

今の若い方には、自宅を訪問されるのを嫌がる方が増えていますが、今は嫌でも、誰かが訪ねてきただけで嬉しいと思える時が必ずやってきます。

保険が請求型から請求確認型になりつつあるのは、時代の要請なのです。

14・ネット、来店型ショップで加入する方が自分に合った保険に入れるってホント？

保険加入の経緯といえば、勤務先に保険会社の保険販売担当者が出入りしていて加入しましたとか、知人や親戚の紹介や、地域担当の保険販売担当者が自宅訪問して加入をしましたというように、昔から保険の保険販売担当者を通じて生命保険に加入するのが一般的でした。

それが、保険販売担当者を通じて加入する従来型に加え、最近ではネット型生命保険会社や来店型保険ショップが増えてきました。というよりネット型や来店型ショップは乱立状態にあります。そのため、どこで保険に加入するのがよいのか、よくわからない状況となってきました。

特にネット型保険では、商品比較、プラン決定、加入手続きまでインターネットか郵送で完結できるので、手軽に加入することができます。ただしその反面、加入時にはニーズに合う商品を自分で探して理解して決定すること、手続きの際の入力ミスに気を付けること、加入後は家族構成やライフサイクルが変わった時など、その都度自分で保障内容をメンテナンスしていかなければならないことなどが注意点です。

さらに、販売店も多様化しているとなれば、まず何から選んでいいのか迷ってしまいます。たとえばがん保険を例にとってみると、A会社は、保険料が高めだが保障内容が充実し再発の場合も給付があるとか、B社は保険料が安いけれど放射線の治療は保障しないとか、C社は保険に加入しやすいがもらえる保険金、給付金が少ないなど、保険会社ごとにそれぞれ特徴があるのです。保険は、目に見えないものなので、保険商品の一つ一つを細かな点まで比較するのは非常に難しいものです。

ネット型ショップには、複数社の保険会社が販売する100種類を超える保険商品を取り扱っているショップがあります。しかし保険は、数があればあるほど比較が難しいのです。そのため、ネット型ショップは自分の加入したい保険の種類と、年齢、性別を入力、スタートボタンをクリックするだけで一発検索できることも「売り」にしています。ネット型ショップとは、ネット上の保険代理店のことで、保険各社の商品を取り揃《そろ》えて掛金等の比較などを出しています。

ネット型ショップで一発検索すると、画面上にお勧めの保険会社の商品一覧がずらりと並びます。そこには、月払い保険料や契約年齢、保険期間、保険料払込期間、入院給付金日額、手術給付金などさまざまな情報が表示され、初めての方でも簡単に保険選びができるようになっているのです。しかし、ここには大きな落とし穴があります。

並んでいる商品は、どれも正規の保険会社が販売している商品なので問題はありません。ですが、先程も申しましたが、「保険商品の一つ一つを細かな点まで比較するのは非常に難しい」のです。比較項目の内容が同一の商品でも保険料に差があります。この差は、保障内容に違いがあるから生まれるわけですが、保険のプロ並みの知識がなければ細かい違いがわかるわけがありません。

たとえば、医療保険で一発検索をかける場合で、入院日額5000円でみてみましょう。日額が同じ5000円でも、日額以外に「1入院の支払限度日数の違い」や「通算支払限度日数」の違いがあります。入院保障については比較的比べやすいのですが、手術保障の場合には手術の種類に制限があることまでは知らない方が大半です。そのような違いがわからなければ、月払保険料が安い方に加入してしまい、いざという時にせっかく加入した保険からは給付金が受けられない場合もあるのです。

ネット型ショップの利点としては、保険販売担当者のペースに乗せられることなく自分のペースで保険を選べる点にあります。ですが、保険の知識がないと何をどう選んでいいのかさえ、わからないはずです。やはりここは、保険のプロによるアドバイスが必要になってくるのです。その証拠に、ネット型ショップのホームページにも必ず電話による相談窓口があるのです。結局、最後には電話で相談するのなら、ネット型ショップで保険を選ぶメリットはあまりないかもしれません。

来店型ショップは、基本的にはネット型ショップ同様、保険会社各社の保険商品を取り扱う「代理店」です。こちらも、保険会社が独自に開いている相談窓口とは別のものです。

来店型ショップのよい点は、従来型保険販売担当者セールスと同じで保険のプロに相談できることです。また、従来型の保険販売担当者は自社商品しか扱っていませんが、来店型ショップでは数社の商品を取り扱っているため、保険を比較して加入することができるのです。

国内大手保険会社同士では、自社と他社の比較は保険業法で禁止されてきました。その理由は、保険は全面比較が困難だからで、誤解をまねくような比較をしてはいけないと行政指導を受けてきたからです。

来店型ショップ（ネット型ショップでも）などでは堂々と、

「これが一番だと思います」

といって、販売員がお勧め商品を大々的に商品比較をして売り込んだりもしてきます。

ただその時、

「なぜ、この商品が一番なのか」

という肝心な部分が、実はお客様にとってではなく代理店にとって一番良い商品という選定の上で話が進められることも多いのです。

なかには各社の商品を取り交ぜて売り込んでくる場合もあります。医療保障は「A社がお勧め」で、死亡保障は「B社がお勧め」、介護保障なら「C社がお勧め」で、「医療はA社だけでは弱いのでD社も加えましょう」など、いつの間にか5社6社と付き合わされる場合もあります。

このように各社を組み合わせれば、見た目は保険料が安く、現時点で最良の保険ができあがるかもしれません。加入後しばらくの期間、保障内容には不満がなく継続した場合でも、ライフステージの変化などにより、さまざまな事務手続きが必要な場合も出てきます。来店型ショップやネット型ショップなどの代理店では、保険は販売しますが、こういった保全業務を積極的には行ないません。

保全業務とは、保険のアフターフォローのことで、たとえば引越しのたびの「住所変更」、保険の受取人を変える時の「名義変更」、取引銀行変更の際の「銀行口座変更」、「解約」、さらに入院や手術をした場合の「給付金請求」などの手続きを言います。

保険販売担当者販売が主体の保険会社では、「保全は、新契約よりも優先される業務」として、正しく迅速な処理が完了するまで徹底して追求管理をしています。

管下の保険販売担当者には、たとえ自分が取り扱っていない契約でも担当として年に数回（何もなくても）の訪問を義務付けているくらいです。それほど、保全業務は大切な仕事なのです。

代理店で保険に加入すると、その後の保全手続きは基本的に加入者本人の仕事となります。ただ、電話一本で済むことなので、これくらいたやすいと思われる方もいるでしょうが、5社6社と加入していると、その手間はかなりのものです。この手間のかかることを自分ひとりで管理していけるでしょうか。

また、新しい保険が誕生し、あなたが今加入している保険が古くなった時、代理店ではパンフレットの送付くらいはあるかもしれませんが、積極的な働きかけやアドバイスは自らしてくれません。代理店は、基本的に新規加入者を獲得していくことが主な仕事だからです。

あとの保全は、加入者と各保険会社任せとなりがちです。

保険の善し悪しを全部自分で考えられる方、保険の保障内容を自分で組み立てられる方、住所変更や各種手続きが手間と感じない方でしたら、代理店で保険に加入してもよいでしょう。保険を自分でコントロールできない方は、自分のライフステージに沿った保険のバランスを見てくれる従来型の保険販売担当者を探したほうが賢明でしょう。

従来型の保険販売担当者は、保険のアドバイスをしてくれますし、保全業務はもちろんのこと、保険会社決算状況のお知らせや、相続や法人セミナーの案内、毎年のカレンダーのお届けまでしてくれます。その分、保険料が多少高めかと感じられるかもしれませんが、多少の差ならその利便性は捨てがたいはずです。

代理店の利便性は、加入時の利便性だけなのです。しかし、保険で一番大切なのはアフターフォローなのです。

また、保険はどこで加入しようとも、常に自分に一番よい保険を選んでくれていると加入者は信じたいものです。ですが、そうでない場合もあるということです。

代理店は、保険を販売することで保険会社から手数料をもらいます。この手数料は保険会社によって大きな差があり、代理店が一押しする商品は、手数料が高い商品の可能性が大です。手数料収入で代理店の経営が成り立っているため仕方がないことなのでしょうが、加入者にとっては迷惑な話です。

代理店が保険を売る三要素と言われているものがあります。

第3位が「保険会社の代理店担当者のフォロー度合い」

第2位が「商品性」

そして第1位が、残念ながら「手数料」なのです。

ある保険会社の代理店担当者に聞いたところ、手数料を上げると、その商品の販売件数が伸び、手数料を下げるとてきめんに販売件数が減ってしまうそうです。どんなによい保険商品でも、手数料が安いと代理店は売りたがらないと言うわけです。これが商売なのです。一方で保険会社によっては、代理店手数料として、加入者が保険を続ける限り手数料を出し続ける会社もあります。契約者と長く付き合いたい代理店は、そのような保険会社の商品を積極的に売る場合もあります。このような代理店だと、加入者へのアフターフォローも比較的しっかりとなされているのではないでしょうか。ちなみに欧米の先進諸国では加入した保険種類、金額に応じて手数料はいくらになるかを法律化して、客の申し出によって開示している国もあります。

最近の保険加入希望者の傾向として、ネットで調べてから来店型ショップを訪れる方が多いそうです。しかも、1社では決めないで、2社、3社、4社とはしごして回ります。そして、各ショップで話を聞きパンフレットをもらい、自宅へ帰って検討してみるようです。

でも結局、もらったパンフレットの数が多すぎるため自分では商品比較ができず、どれがよいか決定できない。最終的には一番親身になって相談を聞いてくれた、来店型ショップを再訪。その販売員との人間関係を重視し、

「あなたを信じて入る」

という方がほとんどだそうです。

こうなると、来店型ショップも、従来の保険販売担当者型セールスの保険会社も、

「あなたを信じて入る」

という意味では変わりはありませんが、街中の「無料の保険相談」でも、一番多い相談が「保険の入り方」だそうです。

そして、最後にたどり着く結論としては、一番良いのは「信じてお任せする」のではなく、「信頼できる担当者と一緒に考えて選ぶ」ということではないでしょうか。

15・保障型の保険は商品の特性に応じて複数の会社に入り分ける方がいいってホント？

これまでに、色々な保険の種類についてお話ししましたが、ここでは総合保障保険と単品保険について説明します。

総合保障保険とは、国内保険会社が主力とする商品で、ひとつの契約で「死亡」「医療」「介護」などの特約を組み合わせて同時に準備できるタイプをいいます。

また単品保険とは、医療保険や介護保険、子ども保険、がん保険のように、加入者の利用目的に応じて単品として売られている保険のことです。

実はここ数年、この単品保険が流行りなのです。

ただ、前章でも触れましたが、単品で入ると各種手続きも単品ごとに行なわなければなりません。そのため、従来型のように担当者がいて保全業務をきちんとやってくれるような1社で複数の単品に加入するのはよいでしょうが、代理店を通じて数社に加入すると、あとあと面倒くさいことになってしまいます。

そのあたりを確認してみましょう。

保険の内容は、各社それぞれ違いがあります。保険会社は、その違いによって自社の特色を出しています。こうして他社と差別化することによって、自社商品の優位性をアピールしています。また、保険各社は毎年のように新商品を開発し販売しています。保険業界に長くいる従来型の保険販売担当者は自社の商品をよく理解しているので、新しい保険が発売になったとしても既存の保険との違いもよくわかっています。そのため、他社の商品も理解しつつ、自社商品との違いをその都度情報提供してくれます。

一方、単品保険の場合は、加入時点ではその目的に応じて何本も入ることができるのがよい点かもしれません。ですが、その後、新しい内容に切り換えることができないので、解約して入り直すか、そのままの内容で更新していくしかないケースが多いのです。

その点、総合保障保険は特約の組み合わせになりますから、個々の特約が商品改訂されて進化したら、その部分だけの見直しや付替えが可能です。定期的に訪問してくる保険販売担当者から情報提供を受けて必要に応じて内容を検討することができます。

保険は人と人の繋がりが大切なのです。

自社商品に詳しければ、総合保障のよい点も単品のよい点も、それぞれよくわかっているはずです。また、単品か総合保障のどちらを加入者が選ぼうが、両方とも自社商品のためアフターフォローに差はありません。加入する時点で、一番よい商品を勧めてくれるはずなので、単品かもしれませんし、総合保障かもしれません。

では、来店型ショップはどうでしょうか。来店型ショップの窓口担当者も、自社で扱っている商品については詳しいはずです。

来店型ショップの窓口担当者のなかには、

「医療保障はA社、死亡保障はB社、介護保障ならC社がお勧めです」

など、各社の単品を取り交ぜて勧めてくる場合があります。これは、加入者のことを思ってというより、より手数料の高い保険を売るためかもしれないということも頭に入れておくべきです。常に自分にあった保険に見直していければそれにこしたことはありませんが、さまざまな事情により保険料の支払いが難しくなり、そういう意味で保険を見直さなければならない場合もあります。このような時、保険解約を勧めるようなアドバイスはし難いものです。そのため、契約者が解約しないで維持する方法として、減額というアドバイスを行ないますが、これがなかなか難しいのです。

保険を減額しようと思えば、

「最低、維持してもらわなければならない」

という金額が各社の規定によってまちまちなのです。

何社も保険に入っていると、各社の規定が違うので、一社一社相談しながら手続きをしなければなりません。手続き後の保険内容のトータルバランスも自分が決めなくてはなりません。来店型ショップで相談するにしても、加入後は日頃の付き合いもない訳ですから、このような手続きはすべて自ら考えて自分で行なわなければならないことになります。

さらに、単品の保険の中には、不要な保障も入っている場合があるのです。たとえば、医療保険の中に、死亡保障が申し訳程度に付いていたりもします。別に死亡保険にも加入しているのなら、この余分な死亡保障を外し、その分保険料が安いほうが嬉しいでしょうが、組み込みになっている場合には外すことは出来ません。このように単品で保険に加入すると、不要な保障にお金を払うことにもなりかねません。

保険の内容だけで比べた場合、単品がいいのか、総合がいいのかは、その判断が非常に難しく、現時点では、

「どちらとも言えない」

というのが答えでしょう。

ただ保険は、加入して終わりではありません。保険の加入後に、入院・手術など色々と事件は起こるもので、時代や個人のライフステージの変化に合わせて保険を見直す必要に

迫られたりもします。

「子どもの手が離れたから、死亡保障を減らして介護を増やすか」

となった時に、死亡保険と介護保険を別会社で加入していたら非常に手間です。

保険のアフターフォローまでを考えた時は、

「できれば総合保障タイプで将来に備える。必要に応じて単品に加入する場合も、アフターフォローを考えて従来型の保険販売担当者経由で加入する」

と言うのが正解ではないでしょうか。

16・初回保険料納付が完了しないと、保障は開始しないってホント？

１２８ページの項目13でも多少触れましたが、保険は申込書、告知・診査の２つが完了して初めてスタートとなります。そのため、この２つが完了した日を「責任開始日」と呼んでいます。会社によっては「責任開始期」と呼ぶ場合もあるようです。責任開始日は契約日とは違う場合もあります。

がん保険やがん保障特約のように、責任開始日から一定の待ち期間（90日が一般的）が経過してからでないと、がんに関しては保障開始にならない場合もあります。それは、がんの場合、保険申込時の告知・診査の時点でがんにかかっているとしても自覚症状がない場合があったり、あるいはなんとなく、がんにかかったかもしれないと不安になっている方の加入希望が多かったりするので、様子見として、健康な方との公平性を保つための期間を設け、がんにかかっていないことを確認するためです。責任開始から３ヵ月以内にがんと診断されると、保険契約は無効となり、その間に支払ったがん保険に対する保険料は返還されます。医師の診断確定日が基準になります。

また、がんの場合は「生まれて初めてがんと診断確定された場合」が支払い事由になっている契約が多いので要注意です。

では、保険契約日とは何なのでしょうか。それは、保険を申し込んだ「契約の起算日」のことなのです。保険契約日は、契約時の年齢や、保険期間などの計算の基準となる日です。保険によっては責任開始日が、契約日と同じ日になることもありますが、契約手続きをした翌月1日を契約日とする場合もあります。

以前は、申込書を提出し、告知・診査も終了、初回保険料を入金。この場合、この一連の流れが終わった日が、責任開始日になり契約日は翌月1日に。どれかひとつが翌月にずれると契約日もその翌月にずれていきました。現在では、申込書提出と告知・診査の完了で責任開始となります。そして、初回保険料の支払い前に死亡等が発生した場合には、支払金額から初回保険料相当額が差し引かれることになります。契約日前であっても、万が一の場合は死亡保険金が下りると言うことです。

契約日が翌月の1日で月掛けの口座振替の契約では、初回保険料が翌月月末に振替になることを考えると、契約手続き（申込書の記入提出と告知・診査）を月始めに完了すると、月末に完了するのとでは責任開始からの保険料無料保障期間の長さに差が出るということになります。

「申込書を受けた時＝申込書受領日」、または「告知・診査の時」のいずれか遅い時から保障が開始されるというのは、すべての保険会社で行なわれているシステムではありませんので、加入時、各保険会社にご確認ください。

保険会社によっては、初回の保険料の入金を確認した日が責任開始日となる場合もありますので、その場合は1回目の保険料はなるべく早く支払ったほうがよいでしょう。

第三章　保険と税金のウソ・ホント

17・保険料は給与天引きにすると得になるってホント?

保険料の支払い方法には、保険期間の全保険料を一括で支払う「一時払い」、毎年1回支払う「年払い」、半年に1回支払う「半年払い」、毎月支払う「月払い」などがあります。また、年払い、半年払い、月払いをまとめて払う「前納」もあります。そのため、同じ保険に加入したとしても、払込み方法によって負担する保険料の額に差が出てくるのです。

同内容であれば、負担する保険料の総額が最も少ないのは、一時払いで、次いで年払い、半年払い、月払いとなっていきます。159ページの「払込み方法別保険料比較」を御覧ください。1999年度以降を見れば、月払いが1万円の保険料では、半年払いは5万8400円、これが年払いになると11万5000円となります。このように年払いは月払いに比べて年間で半月分も安くなるのです。

しかし実際には、一時期にまとまった支出となる一時払いも、年払いも、半年払いも厳しく、「月払いでやっと捻出できる」という方が多数を占めるでしょう。そこで月払いをもう少し詳しく見てみると、同じ月払いでも、「集金」や「銀行口座」からの引き落とし、「給与天引き(集団扱い)」、「クレジットカード払い」などによって、わずかながらですが

払込み方法別保険料比較

	月払い	半年払い	年払い
1987年度〜	1.00	5.75	11.1
1990年度〜	1.00	5.77	11.2
1996年度〜	1.00	5.80	11.3
1999年度〜	1.00	5.84	11.5

月払いの支払い経路別保険料比較

	集金	口座引き落し	給与引き去り
1987年度〜	1.00	0.985	ー
1990年度〜	1.00	0.985	0.958
1996年度〜	1.00	0.985	0.958
1999年度〜	1.00	0.985	0.968

前納払いとは？

将来支払う保険料の全部または一部を一括して払い込むことを前納払いといいます。一時払いが、すべての保険料を前払いするのに対して、前納払いは保険会社にお金を預け、払込の期日ごとに入金処理を行ないます。保険料は、一括払いより割高ですが、年払い・半年払い・月払いで毎回払い込む場合よりは安くなります。また、前納払いにすると、毎年「生命保険料控除」を受けられるメリットがあります。

保険料に差が出るのです。お勤め先で保険料の給与天引きができる場合、

「給与天引きにすると保険料が安くなりますよ」

と説明を受けられた方もいるはずです。

今度は、159ページの「月払いの支払い経路別保険料比較」を見てみましょう。集金では1万円となる保険料ですが、口座引き落としを選択すれば9850円となり、給与天引きでは9680円となります。これを年間で計算すると、集金が12万円、口座引き落としが11万8200円、給与天引きなら11万6160円

11月は生命保険の月

「生命保険の月」は、戦後間もない1948年に連合国軍最高司令官だったダグラス・マッカーサーが決めたのです。当時、保険料の支払方法は年払いだけでした。マッカーサーは「日本の保険の普及率は低い」と考え、普及率向上を図るために保険の月を定めました。しかしなぜ、11月なのでしょうか？　実は、当時日本の主要産業が農業だったからです。秋に収穫した後の11月だと、農家がお金を持っているわけです。農家は月給制ではないので、一番裕福な11月なら保険加入を考えてくれやすいと思ったからなのです。

となります。

集金と給与天引きでは、年間3840円も違うのです。年払いの時の割引き額5000円と比べても、それなりにお得な感じはあると思います。

元来保険料の支払い方法は、年払いから始まっていました。54ページでも記しましたが、1年間の保険料を計算する際は、

「死亡者数×死亡保険金額＝保険料負担者数×保険料」

という、予定死亡率を考慮した計算式が基本となります。

予定死亡率は、1年間に何人亡くなるのかで決まるもので、月単位で死亡率が決まるわけではありません。そのため、保険料の計算は、年払いが基本なのです。それを月払いに変更するというのは、昭和30年代に当時の明治生命（現・明治安田生命）が始めたものです。月払いに変更することで、保険料が払いやすくなり加入者の裾野が広がったのです。

ただ、年払いを月払いに変える際、本来ならば1年は12ヵ月なので、保険料を12分の1にすればよいのですが、保険会社は12分の1にはできませんでした。それは先程の、予定死亡率をはじめ、保険料を割り出す基準が年単位だったからです。

さらに昔は、保険料を預かる時は必ず集金に行っていました。この保険料を預かる集金

人には、集金手数料を出していたのです。ただ、1回の手数料は、集金した金額に対してではなく何件集金したのかという集金件数で支払っていました。ひとりの加入者が年払いを選択していれば年1回の集金で済みますが、加入者が月払いを選択していたら、年12回も集金に行くことになります。そのため、月払いの保険料を高く設定していたのです。年払いよりも、月払いの方は12倍も集金手数料がかかるから仕方ありません。

そのため、年払いを1とすると、月払いは11分の1としたのです。年払いの保険料が11万円ならば、月払いの保険料は月額1万円で、年12万円になる計算です。

やがて、「集団扱い（団体扱い）」が行なわれるようになります。集団扱いは、保険契約者が企業などの集団（団体）に所属している場合、企業が保険契約者の給料から直接、保険会社に保険料を支払う（給与天引き）方式です。この制度のおかげで、集金と比較して保険料は12分の1に近い額にまで下がりました。

また、企業が給与天引きを行なえば、保険会社は集金費がかかりませんし、確実に保険料を集めることができます。そのため返礼として、保険会社は企業に集団事務手数料を払っているのです。

保険契約者は、保険料が安くなって得をしますし、企業は集団事務手数料をもらえるので得をします。さらに保険会社は、集金手数料が節約でき、保険料の徴収漏れがありません。三者三様に得するシステムなのです。

そのため、月払いを選択しているサラリーマン家庭で、少しでも保険料を引き下げたいと思っている方は、給与天引きをしたがるのです（保険会社の販売担当者が勧めるケースが多いようです）。

しかし、この給与天引きにもデメリットがあります。

生命保険に加入する場合、「保険契約者（実際の保険料負担者）」「被保険者」「死亡保険金受取人」との関係によって課税される税金（下表参照）が変わるのです。

夫を被保険者とする生命保険について、夫の給料からの保険料の天引きという形で夫が保険料を負担

加入形態による税の違い

●死亡保険金の課税関係

保険契約者（実際の保険料負担者）	被保険者	死亡保険金受取人	課税
夫	夫	妻	相続税
夫	妻	夫	所得税等

●個人年金保険の課税関係

保険契約者（実際の保険料負担者）	被保険者	年金受取人	課税
夫	夫	夫	所得税等
夫	妻	妻	贈与税

すると、死亡保険金は誰が受け取ろうとも、相続税がかかってきます。

相続税には、基礎控除や死亡保険金の非課税など、税制の優遇措置があるため、税金面で有利になるのです。

また、個人年金保険に加入した場合も、「保険契約者（実際の保険料負担者）＝被保険者＝年金受取人」が夫の場合は、受け取った年金が雑所得となり、「雑所得＝年金受取額−必要経費（これまでに支払った保険料）」という計算式で税金を計算します。支払った保険料が経費として認められるため、税金面で損となることはありません。

ですが、妻が被保険者の場合は問題が起きる恐れがあります。

給与天引きにすると保険料が安くなります。そのため、少しでも支払い保険料を下げたい方は、妻が被保険者の保険も夫の給与から天引きする方がいるのです。

生命保険の保険料の負担者が妻で、被保険者も妻、死亡保険金受取人が夫の場合は、相続税となり、税金は安くなるのが通常です。

しかし、夫の給与天引きという形で保険料を負担すると妻の死亡時には死亡保険金に一時所得として「所得税・住民税等」が掛けられてしまうのです。

【事例】

千葉県在住のKさん（38歳）は、都内の企業に勤めるサラリーマンです。9年前に結婚した当初、Kさんは奥様を死亡保険金受取人として、奥様はKさんを死亡保険金受取人として死亡保険金3000万円の生命保険に加入しました。

保険は「定期保険特約付終身保険」で、それぞれ、

「保険契約者＝Kさん、被保険者＝Kさん、死亡保険金受取人＝奥様」

「保険契約者＝奥様、被保険者＝奥様、死亡保険金受取人＝Kさん」

といった契約形態を取ることにしました。こうすることで、万が一、Kさんに不幸な出来事があれば、奥様が死亡保険金を受け取ることができます。また逆に、奥様に不幸があれば、Kさんが死亡保険金を受け取ることとできるのです。

そして、KさんはKさん自身の契約の保険料が安くなる「給与天引き」に決めていたのですが、奥様の契約の保険料も給与天引きできることを聞きました。このことを奥様に相談すると、

「ひとり年間4000円近く安くなるのなら、ふたりで8000円よ。10年払い込めば8万円も得になるのなら、わたしの保険料も給与天引きしてもらいましょうよ」

と即答し、ふたりとも給与天引きすることにしたのです。

ところが昨年、奥様に子宮がんが見つかり、治療の甲斐《かい》なく帰らぬ人となってしまいました。やがてKさんには、奥様の死亡保険金3000万円が支払われたのですが、ここで問題が発覚します。

「保険契約者＝奥様、被保険者＝奥様、死亡保険金受取人＝Kさん」

の場合は、相続税が掛けられます。

平成27年1月1日から、相続税法の改正により、定額控除が3000万円、法定相続人比例控除が600万円×法定相続人の数に変更されました。Kさん一家の場合は子どもがひとりいるので、基礎控除が4200万円となり、奥様が残した財産が死亡保険金3000万円以外になければ、相続税額はゼロとなるはずでした（3000万円の死亡保険金のうち、500万円×2人＝1000万円は非課税）。

ところが、奥様の保険料の支払いをKさんの給与天引きとしたため、奥様の保険は、

「保険契約者（実際の保険料負担者）＝Kさん、被保険者＝奥様、死亡保険金受取人＝Kさん」

となってしまい、一時所得として所得税と住民税等が課税されることとなったのです。

Kさんは、奥様が亡くなられる時点で、すでに保険料を150万円支払っていました。そのため課税対象となる、「死亡保険金3000万円から、支払い済みの保険料150万円と一時所得の特別控除50万円を差し引いた額から2分の1を掛け算出した1400万円」が一時所得として総合課税されてしまいます。仮に、所得税・住民税等の税率を30パーセントとした場合、その税額は420万円にも上るのです。

Kさん夫婦は、年間4000円程の保険料を節約したため、420万円の税負担を強いられてしまったのです。

「……こうすれば、今よりもっと保険料が安くなりますよ」

このような言葉を保険販売担当者に言われると、誰でもその言葉に対し敏感に反応します。保険料が1円でも安くなるなら、そちらになびいてしまうのです。保険販売担当者は加入の際にはその場、その時に得することしか言わないものです。

あたりまえのことですが、保険は加入することが大切なわけではありません。本当に大切なのは死亡保険金を受け取る時なのです。万が一の場合への配慮に欠けた保険販売担当者ほど、加入時に保険が安くなる説明はしますが、死亡保険金を受け取ったあとのことは説明せずに、保険を勧めてくるのです。

たしかに、給料から先に天引きされた方が、保険のコストパフォーマンスはよくなるでしょう。しかし、保険契約者（実際の保険料負担者）と被保険者を同一にしておいた方が、税金面では有利になるケースもあることを覚えておいてください。

18・途中で契約者を変更しても税金がかからないってホント？

保険は、他の商品と違い税制が非常に特殊です。それは死亡保険金にかかる税金の種類が、契約形態により変化するところからもわかるでしょう。保険契約では、契約者と受取人をいつでも変更（税制適格特約を付加した年金保険以外）することができます（被保険者は変更できません）。この変更ができるため、対象となる税金の種類も変化するのです。

たとえば、ご主人が保険契約者で被保険者もご主人、当然、保険料はご主人が支払っています。その保険の契約者を、来月から奥様に変更したとします。すると、奥様が契約者で、ご主人が被保険者となるのですが、この保険の課税はどうなるのでしょうか？

普通に考えれば、保険料をご主人が支払っていたので、契約者を変更した時点で、ご主人から奥様への贈与となりそうです。しかし、この時点で保険に課税は発生しません。それは、なぜでしょうか？

【事例1】

群馬県在住のTさん（64歳）は、一時払いで1000万円の生命保険に加入しました。

この保険の契約形態は、

「保険契約者＝Tさん、被保険者＝Tさん、死亡保険金受取人＝奥様」

となっていました。しかしTさんは、すぐに保険の契約者を奥様に変えたのです。

そのため、この保険は、

「保険契約者＝奥様、被保険者＝Tさん、死亡保険金受取人＝奥様」

となりました。

しかし、先程も記しましたが、契約者をTさんから奥様に名義変更した時点では課税されません。

では翌月、奥様がこの保険を解約すると、どのようになるでしょう。当然、契約者は奥様なので、解約返戻金は契約者である奥様のものとなってしまいます。

ということは、解約返戻金は無税のまま奥様のものになるのでしょうか？

課税されないのでしょうか？

税務署によれば、

「この保険を解約した時に、それまで誰が保険料を負担してきたのか？」

ということが問題だそうで、その負担者によって課税される税金が変わります。

今回の生命保険料は、全額ご主人が支払っています。ただ、ご主人が支払った保険の契約者が奥様に名義変更されても、この時点では保険金は支払われていないので課税は発生しません。

しかしその後、奥様がこの保険を解約して解約返戻金を受け取りました。そのお金が動いた時点で、ご主人から奥様への贈与となり贈与税が課税されるのです。

ですから表題の、「途中で契約者を変更しても税金がかからないってホント？」の答えは「ホント」となります。保険は契約途中で契約者を変更しても、その時点では税金はかかってこないのです。その後は、死亡保険金や満期保険金などが支払われたり、解約して返戻金を受け取った時などに課税されます。

ところが、このことを逆手に取って悪用する人がいるのです。

「保険契約者＝父親、被保険者＝息子、死亡保険金受取人＝父親」

という形態で、一時払いの保険に加入します。そして、加入後すぐに名義変更をしてしまうのです。

「保険契約者＝息子、被保険者＝息子、死亡保険金受取人＝息子の嫁」

と契約形態は変わってしまいます。

当然、この変更時点では課税はされません。やがて父親が亡くなったとしても被保険者は息子なので、保険金が支払われることがないため課税はされず、税逃れができるというのです。でも、これは誤りです。途中で契約者を息子に名義変更したとしても、実質の保険料負担者が誰であるかが問題となります。ですからこの場合は、実際に保険料を支払った父親が死亡した時点で生命保険に関する権利（解約返戻金評価額）が父親の相続財産となり、相続税の課税対象となるのです。安易に税金逃れができるなどと考えて、保険に加入する人がいないとも限りませんが、脱税は犯罪です。

２０１５年の１月１日から相続税法が改正され、相続税の基礎控除が大幅に引き下げられました。こんな時代だからこそ、相続税を減らしたいと望んでいる方には、こんなに上手い話はないように聞こえますが、犯罪になるかもしれないことを肝に銘じておきましょう。

【事例２】

北海道在住のＭさん（60歳）は子どもの将来を思い、子どもを被保険者とした生命保険

に加入していました。保険契約の形態は、

「保険契約者＝父親、被保険者＝子ども、死亡保険金受取人＝父親」

というものでした。

今から10年前、この保険を新社会人になる子どもに贈ったのです。この時点で契約の形態は、

「保険契約者＝子ども、被保険者＝子ども、死亡保険金受取人＝父親」

と変更されました。まだ死亡保険金受取人は父親のままですが、将来子どもが結婚すれば、その時点で死亡保険金受取人を配偶者に変更すればよいと考えていたのです。

しかし昨年末、高速道路上の多重事故に巻き込まれて、子どもに先立たれてしまったのです。

後日、父親から子どもに譲り渡された生命保険の死亡保険金が支払われました。この死亡保険金に対する税金はどうなるのでしょうか？

保険料は、子どもが新社会人になるまでは父親が払っていました。その後、亡くなるまでの期間は子ども自身が払い続けていたのです。この場合、父親が払った保険料と、子どもが払った保険料の割合に応じて受け取る保険金の種類が変わってきます。

この生命保険の受取人は父親なので、
「父親が掛けた保険料に相当する分の死亡保険金は所得税」
「子どもが掛けた保険料に相当する分の死亡保険金は相続税」
の課税対象となります。

しかし納税の際、「保険契約者＝子ども、被保険者＝子ども、死亡保険金受取人＝父親」と書類上の最終形だけで申告すれば、すべてが相続税となってしまい、これでは誤った申告となってしまいます。

このように、今は保険会社から出される支払い関係の書類が最終形のため、「バレない」と考える方がいないとも限りません。でも、それは大きな誤りです。

繰り返しになりますが、生命保険は、契約途中で名義変更しても税金はかかりませんが、最終的に死亡保険金等の支払いがあれば必ず課税されるのです。

19・個人年金保険には税制適格特約を付加した方がいいってホント?

公的な年金制度に不安を覚える方や、公的な年金だけでは老後の資金が足りないと思われている方のなかには、民間の「個人年金保険」に加入される方が多くいます。この個人年金保険は、「税制適格特約」を付けると、保険料を支払っている期間の税金が安くなるという制度があるのです。

民間の生命保険に加入した際、保険料に応じて所得税や住民税の一定額を控除してもらえる仕組みを「生命保険料控除」と呼んでいます。確定申告や年末調整での手続きで、ご存知でしょう。

生命保険料控除には、「一般生命保険料控除」「介護医療保険料控除(2010年度の税制改正で新たに加えられた)」「個人年金保険料控除」の3つがあります。

しかし、個人年金保険に加入すれば、必ず個人年金保険料控除が受けられるというわけではありません。個人年金保険で保険料控除を受けるには、保険加入時に「個人年金保険料税制適格特約」を付加しておかなければならないのです。

ただ、税制適格特約を付けると細かい条件も付いてきます。

たとえば、契約内容の条件では、

「保険料の払込み期間が10年以上であること」

「確定年金なら、年金支払開始年齢が60歳以上で、年金の受取り期間が10年以上あること」

さらに、契約形態の条件にも、

「契約者と被保険者は、本人または配偶者」

「被保険者と受取人は必ず同一人であること」

などの条件が付いています。

ところで、税制適格特約を付けることで、どれくらい節税になるのでしょうか。所得税について言えば、個人年金保険料控除が使える金額は、2012年1月1日以前は年間に支払った保険料が10万円を超えると最大控除額5万円、2012年1月1日以降は年間8万円を超える保険料の支払いで最大控除額4万円となっています。

年間8万円を超える保険料を支払えば、課税所得から一律4万円が控除できると言うことです。ただ、4万円が差し引かれても、減税される

個人年金保険料控除が受けられる契約形態

保険契約者	被保険者	年金受取人	保険料控除
夫	夫	夫	○
夫	妻	妻	○
夫	妻	夫	×

所得税の金額は所得税率によって差がでます。たとえば、税率が10パーセントの方なら4000円となり、この税率が高い方ほど得になるのです。

また、住民税は、年間5万6000円の保険料を支払えば、一律2万8000円が控除されます。住民税の税率は一律10パーセントですので、こちらは年間最大2800円の減税になるのです。

年間で支払う保険料が8万円を超えると控除額は上限の4万円となりますので、将来のために個人年金保険に複数加入している方は、ひとつの契約で年間8万円を超える保険料を払っていれば、他の契約まで税制適格特約を付ける必要はないでしょう。

というのも、税制適格特約を付けることでのデメリットもあるのです。

「税制適格特約は一度付けると外すことはできません」

「受取人の変更もできません。変更できるのは契約者だけです」

さらに保険料が、経済状況の悪化に伴い払えなくなる場合もあります。そのような時、保険を解約しないで「払済にする方法もある」ということは105ページでも記しましたが、この払済への変更も税制適格特約を付けてしまうと、契約してから10年間はできないのです。

また、個人年金保険に入院特約などを付けている場合に、特約だけの解約はできますが、その時に解約返戻金があったとしても解約時に受け取ることはできません。

【事例】

都内在住のSさん（35歳）は、8年前から月額3万円の個人年金保険に加入していました。その際、少しでも税負担を減らすため税制適格特約を付けたのです。

Sさんの勤める会社は中小企業ながら、独自の技術力を駆使して不景気な時代に負けず、右肩上がりで業績を伸ばしていました。そのため、給料は高くSさんも保険料を難なく払っていけました。

ところが、数年前から技術力で劣るものの価格の安さで対抗する中国企業が現れ、会社は苦境に立たされます。その後、リストラによる人員削減と従業員の給料カットにより、会社は何とか立ち直りましたが、Sさんは毎月3万円の個人年金保険料の支払いが厳しくなってしまったのです。

そこで、Sさんが保険販売担当者に相談したところ、税制適格特約を付けていても保険料の減額は可能とのことなので、半額の月額1万5千円で個人年金保険を継続していくことにしました。

実は、この保険料の減額により、Sさんには解約返戻金が出ているのですが、税制適格特約を付けていたため、解約返戻金は保険会社の預かりとなってしまいます。Sさんとすれば、なんだかとても損した気分になったようです。しかし、保険会社が預かった解約返戻金には所定の利息が付けられ、将来の年金が支給される際の買増に充てられます。結果的には、Sさんが損をすることはありません。


この他にも、保険には契約者貸付制度がありますが、税制適格特約を付けることで契約者貸付にも制約が出ます。

通常、貸付金額は保険会社や商品にもよりますが、主契約の返戻金の8割くらいまで借りることができます。ですが、年金開始時に、初回に支払われる年金額以上の借り入れ額が残っていると、この年金は毎年の年金としてはもらえず、契約自体を解約しなければならなくなってしまうこともあるのです。税制適格特約が付いているかどうかで、この点の取り扱いも異なってくるようです。

このように、税制適格特約にはさまざまな制約があります。税制適格特約を付けるのであれば、保険料控除を受けられるメリットだけではなく、制約を受ける点も確認しておくことが必要です。

20・生命保険や個人年金保険に加入すると税金が安くなるってホント？

「生命保険料控除」は、前項でも触れましたが、毎年の払い込んだ生命保険料の額に応じて、一定の金額が保険契約者の所得から控除される制度です。これにより所得税、住民税の負担が軽減されます。

生命保険料控除は175ページに記した通り、2012年1月1日で、新たな制度に改正され、それまでの「一般生命保険料控除」と「個人年金保険料控除」の2つから、「一般生命保険料控除」と「介護医療保険料控除」と「個人年金保険料控除」の3つに増やされました。

では、なぜ国は控除の項目を3つに増やしたのでしょうか？

そこには、国の社会保障財政の逼迫《ひっぱく》があるようです。少子高齢化社会の進展で、社会保障費をもうこれ以上増やすことは不可能に近くなっています。そこで国は「私的保障を支援、促進することで国民の自助努力を喚起しよう」としているのです。簡単に言えば、

「自分のことは自分で何とかしてね」

と言ったところでしょうか。

新制度での生命保険料控除額

	所得税		住民税	
区分	年間払込保険料額	控除される金額	年間払込保険料額	控除される金額
一般生命保険料・介護医療保険料・個人年金保険料（税制適格特約付加）	20,000円以下	払込保険料全額	12,000円以下	払込保険料全額
	20,000円超40,000円以下	（払込保険料×1/2）＋10,000円	12,000円超32,000円以下	（払込保険料×1/2）＋6,000円
	40,000円超80,000円以下	（払込保険料×1/4）＋20,000円	32,000円超56,000円以下	（払込保険料×1/4）＋14,000円
	80,000円超	一律40,000円	56,000円超	一律28,000円

旧制度での生命保険料控除額

	所得税		住民税	
区分	年間払込保険料額	控除される金額	年間払込保険料額	控除される金額
一般生命保険料・個人年金保険料（税制適格特約付加）	25,000円以下	払込保険料全額	15,000円以下	払込保険料全額
	25,000円超50,000円以下	（払込保険料×1/2）＋12,500円	15,000円超40,000円以下	（払込保険料×1/2）＋7,500円
	50,000円超100,000円以下	（払込保険料×1/4）＋25,000円	40,000円超70,000円以下	（払込保険料×1/4）＋17,500円
	100,000円超	一律50,000円	70,000円超	一律35,000円

※生命保険文化センター HPより転載

そのため、介護医療保険料控除を新設し、国民が自助努力できる環境整備を行なっているのです（民間の生命保険など、世帯主が加入している死亡保障額は、必要と考える保障額に対しておよそ3割程度と言われています）。

そのため、控除枠を増やして、より民間の保険加入者を増やそうとしているのでしょう。国はもはや、民間の生命保険に頼らざるを得なくなっているのです。

ではここで、生命保険料控除の対象となる保険料とはどのようなものか、確認しておきましょう。

●一般生命保険料控除

生命保険会社などと締結した保険契約が対象で、死亡保険金等の受取人が、契約者または配偶者、その他の親族（6親等以内の血族と3親等以内の姻族）という要件があります。ただし、財形保険や保険期間が5年未満の貯蓄保険、さらに団体信用生命保険などは対象から外れます。

●介護医療保険料控除

ほぼ、一般生命保険料控除と同じですが、一般生命保険料控除が死亡保険や年金保険を対象としているのに対し、疾病やケガなどにより医療保険金などが支払われる、医療保険、がん保険、介護保険などが対象。

●個人年金保険料控除

個人年金保険で「個人年金保険料税制適格特約」を付加している契約（175ページ参照）が対象です。ただし、死亡保障や医療保障が特約として付加されている場合、その特約保険料は、一般生命保険料控除や介護医療保険料控除の対象になる場合もあります。また、税制適格特約を付加していないものや変額個人年金保険は、一般生命保険料控除の対象になります。

さらに、生命保険料控除の対象外になる特約もあるので注意が必要です。

ちなみに、支払った生命保険料が生命保険料控除の対象となっているかどうかは、保険会社から送付される証明書によって確認してください。

また、2012年1月1日からの変更点は、介護医療保険料控除が増やされただけではありません。主な変更点は、所得税と住民税の控除額です。所得税は、最大5万円だったものが4万円に。住民税は3万5000円だったものが2万8000円に減額されています。実質的には控除される金額が減って「増税？」と考えますが、新設された介護保険料控除を使えば、所得税の控除額は、それまで合算して上限10万円であったものが12万円に増えましたので減税となりました。ただし、住民税の所得控除は2万8000円の3倍とはならず、最大7万円に据え置かれました。

控除額の上限が引き上げになったのですから、使わないより使った方が得ですよね。また今は、預金の金利が低い時代です。たとえば、個人年金保険なら年額8万円超の保険料を払えば、4万円の控除が受けられるのです。これは、所得税率が10パーセントの方だと4000円帰ってくる計算になります。考え方を変えれば、8万円の預金で4000円の利息が付くことになります。低金利時代の現在、このような高金利の金融商品があるでしょうか？　さらに、住民税を入れると、あと2800円プラスされる計算になります（住民税の税率10パーセント）。

個人年金保険のような貯蓄性のある保険は、加入しておかないと損でしょう。年間8万円だと、月割りにすれば7000円弱ですので、加入されていない方は検討の余地があるのではないでしょうか。せっかく国が減税となる策を出してくれているのです。その減税策をありがたく活用せず拒否する手はありません。

生命保険料控除は、この個人年金保険料控除以外に、一般生命保険料控除と新設された介護医療保険料控除がありますから、この3つの控除をフルに使えば、年間1万9000円も得になるのです（年収や家族構成によっても変わってきます）。

生命保険料控除は使わなければ、どう考えてももったいないでしょう。生命保険の実質の負担額とは、「軽減された所得税・住民税を差し引いた上での負担額」だということを忘れないで下さい。

ただ、生命保険料控除は使う際に注意が必要です。

ある新聞に、このような見出しが踊りました。

「生命保険料控除は奥様名義の保険でも受けられます」

どういうことかと言いますと、契約者＝奥様の生命保険料控除をご主人が使うというものです。

でも、よく考えてください。

奥様が契約者（保険料負担者）になっている保険は、奥様自身が確定申告を行ない、生命保険料控除を受けるのが本来の姿です。

専業主婦の方に多いのが、

「確定申告などしたこともないし、保険料は主人が払っているので、主人が契約者となっています」

と言うセリフです。実は、ここに問題が秘められています。

保険は、払う時ときよりも払われるときに問題が生じやすいのです。税務上は契約者が誰かというよりも、実質の保険料負担者が誰かという点が問題となります。そして、奥様の生命保険料控除をご主人が使うと、実質の保険料負担者はご主人と見なされる恐れがあるのです。

「保険契約者＝奥様、被保険者＝奥様、死亡保険金受取人＝ご主人」の場合、支払われる死亡保険金は相続税の対象となります。

これが、

「保険契約者＝ご主人、被保険者＝奥様、死亡保険金受取人＝ご主人」となると、支払われる死亡保険金は所得税と、住民税、さらに今は復興特別所得税の対象となってしまうのです。

さらに、奥様が保険に加入される時、死亡保険金受取人をご主人ではなく子どもにする場合もあります。その場合は、

「保険契約者＝奥様、被保険者＝奥様、死亡保険金受取人＝子ども」となるので、支払われる死亡保険金は相続税の対象となります。

それが、

「保険契約者＝ご主人、被保険者＝奥様、死亡保険金受取人＝子ども」になると、贈与税の対象となってしまうのです。

どちらも、相続税より高い税率となる可能性があります。

そうなった時、

「そんなつもりではなかった……」

と言い訳しても遅いのです。

奥様が契約者の保険であっても、ご主人の生命保険料控除を使うと、保険料負担者がご主人だと自ら認めることになってしまいます。保険料負担者が奥様ではないという、決定的な証拠を残したことになるのです。

ご主人の生命保険料控除を使う際にはぜひ、

「使ってもいいのかな？」

と一度自問自答してみてください。

実は、先ほどの新聞記事では、介護医療保険料控除の話をしていました。介護医療保険料控除が新設されたおかげで、3つの生命保険料控除は合計で、今までより2万円増えたのです。

専業主婦が医療保険に入ると、

「保険契約者＝奥様、被保険者＝奥様、死亡保険金受取人＝ご主人」となり、この方がご主人の生命保険料控除を使うと、

「保険契約者＝ご主人、被保険者＝奥様、死亡保険金受取人＝ご主人」とみなされます。

しかし、先ほどの一般生命保険料控除を使った場合と違い、医療保険は保険契約者と死亡保険金受取人がご主人だとしても、支払われる医療保険金は被保険者である奥様の治療に使うお金のため「非課税」となるのです。

ですから、生命保険料控除の「介護医療保険料控除」をご主人が使っても、まったく問

題は起きません。ただ、新聞記事にはこの部分が書かれていませんでした。ここを書き加えておかなければ、多くの読者の誤解を招く恐れがあります。

年末調整や確定申告などで、生命保険料控除を利用すると税金は安くなります。ただし、保険の内容によっては、奥様名義の保険をご主人が生命保険料控除を使うことで、受け取る死亡保険金が所得税や贈与税の対象となって税額が高くなることがあるので気を付けてください。

21・生命保険は相続対策に有効ってホント？①（非課税の特典があるってホント？）

生命保険は、もうすでに何度も説明していますが、保険契約者、被保険者、死亡保険金受取人を指定して加入します。このうち、保険契約者と被保険者が同一の場合は、受け取る死亡保険金は相続税の対象となります。

国税庁のホームページにも、

「被相続人の死亡によって取得した生命保険金や損害保険金で、その保険料の全部又は一部を被相続人が負担していたものは、相続税の課税対象となります」

とあります。

そして、この契約者と被保険者が同一の生命保険では、死亡保険金を受け取る際に相続税の「非課税限度額」が設けられています。すなわち、相続税の対象となる死亡保険金は、「非課税限度額」を引いた分ということになるのです。

相続税の非課税限度額は、「５００万円×法定相続人の数」で求められます。ただし、条件が付いており、非課税限度額を使えるのは、死亡保険金の受取人が法定相続人の場合のみです。

ちなみに、法定相続人とは、一般的には死亡した方（被相続人）の配偶者と子ども。ただ、その子どもが先に亡くなっている場合は、亡くなった子どもの子である孫（直系卑属）が相続人となります。

また、もともと子どもがいない方の場合は、配偶者と死亡した方の父母（直系尊属）が相続人になります。父母が亡くなっていて祖父母が存命であれば、配偶者と祖父母が相続人になります。

さらに、子どもがおらず両親もすでに他界している方は、配偶者と死亡した人の兄弟姉妹が相続人となります。そのとき、先に亡くなられた兄弟姉妹がいる場合は、兄弟姉妹の子である甥や姪が相続人に加わります。

独身で子どもがいない方も、両親が生きていれば両親、亡くなっていれば兄弟姉妹と法定相続人は変わっていきます。

では、非課税限度額を計算する際、死亡保険金受取人に指定さ

非課税限度額の計算式

死亡保険金の非課税限度額（相続税法第12条）

※死亡保険金を一時金で受け取る場合

非課税限度額 ＝ 500万円 × 法定相続人の数

れた方以外の法定相続人も人数に含めるのでしょうか？　あくまでも法定相続人の数ですので、死亡保険金を受け取らない方も含まれますし、相続を放棄をした方がいたとしても、その方を人数に含めて計算をします。

さらにこのようなケースはどうでしょうか？

法定相続人が多ければ多いほど、死亡保険金から控除できる額も増えます。そのため、養子をたくさん迎えれば、それだけ得することになるのでは？　と考える方も出てくるはずです。しかし、養子の数には制限があります。相続税法上は、法定相続人の数に含めることのできる養子の数は、実子がいるときは1人、実子がいないときは2人までとなります（ただし、民法上は養子の数に制限はありません）。たとえば、

●奥様と子どもが3人の四人家族。
500万円×法定相続人4人＝非課税限度額2000万円

●独身で両親が健在。
500万円×法定相続人2人＝非課税限度額1000万円

●奥様と兄弟が2人。兄弟は相続放棄をしている。
500万円×法定相続人3人＝非課税限度額1500万円

●奥様と養子が3人。
500万円×法定相続人3人（奥様と養子2人の計3人）＝非課税限度額1500万円となるのです。

受け取った生命保険金の金額が、これらの非課税限度額の範囲内であれば、相続税はかかりません。非課税限度額を超えた分だけしか課税対象とはならないのです。

このように、死亡保険金には非課税の優遇措置があります。ならばこれを使わない手はないでしょう。現金で同じ金額を相続した場合は、相続税がかかるのですから。ですから、相続税の基礎控除を超える資産をお持ちの方は、一時払いの生命保険に加入し、非課税限度額を活用することで課税の対象となる金額を減らすこともできるのです。

【事例】

愛知県在住のHさん（74歳）には、奥様と3人の子どもがいます。

Hさんは、2013年3月29日に成立した相続税法の改正により、相続税の基礎控除額が2015年1月1日から引き下げられたことを知り、自分の資産を計算してみたのです。

税制が改正される前の相続税の基礎控除は、

「定額控除5000万円＋法定相続人比例控除1000万円×法定相続人の数」

でした。しかし、2015年1月1日からは、

「定額控除3000万円＋法定相続人比例控除600万円×法定相続人の数」

と変わってしまったのです。

これを、Hさんの家庭に当てはめると、

●改正前

5000万円＋1000万円×4人＝9000万円

●改正後

3000万円＋600万円×4人＝5400万円

実に、3600万円も引き下げとなってしまったのです。

Hさんの総資産は約7000万円で、改正前にHさんが亡くなれば相続税は発生しませんでしたが、今後は1600万円分の資産に相続税がかかってくるのです。だからといって、Hさんが早く死ねばよかったというものではありません。

そこでHさんは保険会社の保険販売担当者と相談し、一時払いで2000万円の終身保

険に加入しました。

この2000万円の生命保険に加入したことで、非課税限度額2000万円（500万円×4人）が活用でき、万が一のとき資産は5000万円（7000万円－2000万円）で評価されます。結果として、基礎控除額5400万円の範囲内となり、相続税はかかりません（一時払い保険料2000万円。死亡保険金2000万円と仮定）。

このように、生命保険の活用は節税のメリットがあり、相続対策にはとても有効な方法です。ぜひ、活用してみてください。

第四章　保険と法律のウソ・ホント

22・死亡保険金の受取人は法定相続人にしておく方がいいってホント？

保険に入る理由は大きくふたつに分けられます。

ひとつは、生命保険金のように、家族のために入る保険と、もうひとつは年金保険のような自分のために入る保険です。これを契約形態で見てみると、

「保険契約者＝夫、被保険者＝夫、死亡保険金受取人＝妻」の場合は、家族のための保険です。

また、年金保険で、

「保険契約者＝夫、被保険者＝夫、年金受取人＝夫」の場合は、自分のための保険になります。

ところが、「保険契約者＝夫、被保険者＝夫、死亡保険金受取人＝夫」の契約形態で、死亡保険に加入するケースもあるのです。

この契約形態は家族のための保険になるのですが、でも不思議に思われませんか？　自分でお金を支払い、自分を保険に掛け、自分が死んだ時に、自分で死亡保険金を受け取る？

通常、このような契約形態はありえません。自分が自分に保険を掛けても、自分の死後自

分で死亡保険金を受け取ることができないからです。

しかしなぜか、このような契約形態を一部の国内生保は受けつけているのです。

生命保険は、被保険者が亡くなると、死亡保険金は受取人の固有の財産になります。ただし、このケースだと死亡保険金受取人が夫なので、死んでしまった夫が残した一般的な相続財産となるのです。

実は、ここが重要なのです。

たとえば、死亡保険金受取人が妻の場合、夫に借金が多いと遺産相続を放棄することがあります。それは残された妻が借金を負わないためです。しかし、生命保険は受取人固有の財産で相続財産に当たらないため、妻が遺産を相続放棄しても生命保険金だけは受け取ることができるのです。

そのため、夫にお金を貸した金融会社からすれば死亡保険金受取人が妻で、この妻に相続放棄をされてしまうと貸付金の回収ができません。さらに死亡保険金は受取人固有の財産であるため死亡保険金を差し押さえもできないのです。しかし、この死亡保険金が夫の相続財産であれば、死亡保険金を差し押さえることが可能となります。この契約形態ですと、夫は亡くなっていますが死亡保険金の受取人は夫なので、死亡保険金は夫の相続財産となるのです。

実は、この国内生保は、個人事業主へ高額な機器類を販売する会社の系列で、債務の焦げ付きを防ぐ目的でこのような保険を手がけているのです。なお、ローンを組む金融会社も同系列です。

この保険があるため、販売会社はローンを組んだ夫が万が一亡くなっても、貸付金を回収することができるのです。また、遺族も高額な機器類の差し押さえを免れることができます。機器類が差し押えられると、残された遺族の仕事に支障をきたすからです。

ちなみに、税務上は亡くなられた夫の財産であっても、生命保険の非課税枠は使えます。

また、ローン残金より支払われた死亡保険金が多ければ、残りの死亡保険金は法定相続人が受け取ることができます。ただ、死亡保険金の残金を誰が相続するかは、夫の死亡時の法定相続人で話し合わなければなりません。

しかし、この加入方法は悪用もできるため、このような加入形態を勧められた場合は、くれぐれも気をつけてください。

さらに、このような加入形態もあります。

「保険契約者＝夫、被保険者＝夫、死亡保険金受取人＝夫の死亡時の法定相続人」

というものです。

この保険は、死亡保険金受取人が妻の場合と同じで、家族のための保険ですが、一体誰が受け取るのでしょうか。

実は、この形態の保険が一時流行ったことがあります。

独身時代に保険に加入した場合、その後の人生において、幾度となく名義変更が必要となってくる可能性があります。
●独身の時代は「両親」
●結婚したら「奥様」
●子どもが生まれたら「奥様と子ども」
●離婚したら「両親か子ども」
●再婚したら「子どもと奥様」
●子どもが独立したら「奥様」
などなど、人生の岐路で、死亡保険金受取人を変える必要に迫られます。

そこで、死亡保険金受取人を「夫の死亡時の法定相続人」にしておけば、受取人をいちいち変えなくても済むのです。そのため、

「保険の受取人を夫の死亡時の法定相続人にしておけば、自動的に変わりますから安心ですよ」

というセールストークが流行ったのです。

でもよく考えてください。生命保険のメリットは、

「生命保険は、名前をつけることで受取人固有の財産にすることができる」

ことなのです。

それを敢えて、「夫の死亡時の法定相続人」としておくことで、受取人変更の手間が省けることがメリットと言えるでしょうか？　保険会社で受取人を変更することは、それほど手間にはなりません。それよりも、デメリットの方が大きくなります。

実際、死亡保険金を請求する際に、法定相続人は全員平等となりますので、法定相続人全員の戸籍謄本や印鑑証明書が必要になるのです。また、法定相続人が多数いると、連絡が取れない方や、相続を放棄した人が含まれる場合もあります。そのようなことが起きると手続きが煩雑となり、手続きに多くの時間と労力を要します。保険特有の、「名前を付けること」をしていないので、余計な手間がかかってしまいます。さらには相続人間の争いが起こってしまうかもしれません。

遺産分割協議が揉めて「相続」が「争族」になった場合、争族の解決方法である代償交付金としても使えなくなり、この生命保険自体が争いの原因にもなってしまうのです。

そのようなことを避けるためにも、死亡保険金受取人は先に決めておくべきでしょう。

なお、このケースでは、約款規定上、死亡保険金は相続人平等となっています。ただ、保険会社によっては、「法定相続人の持分比率」で分けるという会社もあるようです。

生命保険は、何度でも保険金受取人を変更することができます。生活環境の移り変わりに任せるのではなく、受取人変更が必要になったときは保険会社に連絡を入れて、しっかりと受取人を変更しておくべきです。

23・収入保障保険は二重課税されるってホント?

表題の「収入保障保険」とは、一体どのような保険なのでしょうか?

収入保障保険は、死亡保険金が月給のように毎月支払われるため、このような名称になっています。この保険のメリットは、少ない保険料負担で、大きな死亡保障が受けられる点にあります。残された遺族にとって、非常にありがたい生命保険なのです。

加入時に保険期間を取り決め、その期間内に被保険者が亡くなると死亡保険金が支払われます。そのため、加入直後に亡くなれば保険期間満了まで長期に渡り、より多くの死亡保険金を受け取れます。逆に、保険期間修了間近に亡くなった場合は受け取れる死亡保険金が少なくなります。収入保障保険は徐々に保障が減っていくのです。

しかし、安い保険料で高額な死亡保障が受けられます。

2010年に、収入保障保険などの年金払い形式の生命保険の課税方法は、二重課税に当たり違法だとの判決が出ました。

この収入保障型保険に、

「保険契約者=夫、被保険者=夫、死亡保険金受取人=妻」との契約形態で加入した場合、死亡保険金が一時金で支払われれば、非課税枠を差し引いた額に相続税がかかります。

これを年金払いで受け取ると、夫の死亡時に妻は「年金の受給権」を相続することになります。違法とされた課税方法では、この受給権に対して相続税が掛けられていました。それは、夫が保険料を支払っていたため、妻が年金を受け取れる受給権を得ると、相続財産と見なされたからです。さらに妻には、毎月年金が支払われます。この月々の年金は、妻の所得とされ、別途所得税が掛けられたのです。

これまでは、相続時と年金受給時にそれぞれ課税されていました。そのため「二重課税」という判決がなされたのです。

年金とは簡単に言えば、一括でもらえる死亡保険金を分割でもらうようなものです。たとえば、一括なら1000万円もらえる年金に加入し、月々10万円が支給されるとします。

最初の1ヵ月で10万円が支給されるため、保険会社の手元には残金が990万円残ります。保険会社は、この残金990万円を運用して利益を上げるため、990万円に運用益が付くのです。

すると翌月は、980万円＋運用益、翌々月は、970万円＋運用益……と支払われるたびに残金は減っていき、最後にゼロとなります。しかし毎月運用益が付くため、一括でもらうより多くの死亡保険金が受け取れるのです。

新しい課税方法でも、今までと同じように、受給権には相続税が掛けられます。しかし、月々の年金に対しては、毎月の年金受給額ではなく、運用益に対してだけ所得税が掛けられるようになりました。

これでやっと、収入保障型保険などの年金保険は、二重課税ではなくなったのです。そのため今、以前より年金払いはお得な保険となっているのです。

死亡保険金は、

「死ぬと一時金で6000万円受け取れます」

こう言われると、6000万円はすごく多く感じるでしょう。

しかしこれを、子どもが生まれたばかりの方に、

「ご主人が万が一の場合、月々25万円ずつ、20歳まで20年間出るようにしませんか？」

こう言われた場合はどうでしょう。月々25万円だと、赤ちゃんを抱える母親もなんとか生活していけるレベルの金額なので、死亡保険金が多いイメージはなくなります。

ですが、月々25万円は、年間にすると300万円で、20年で6000万円なのです。

でも6000万円と聞いた方が人は多く感じてしまいます。

このように死亡保険金は、月額で聞くとイメージが湧きやすくなるのです。

生命保険文化センターの調査の調査でも、世帯主に、

「いくら死亡保険金が必要ですか?」

と問うと、回答は3000万円代が多いそうです。

しかし、保険会社が、

「もしものときは、月額いくら必要ですか?」

「支払期間は、何年間必要ですか?」

などと、具体的に問えば、累計額は、

「5000万円くらい欲しい」

となるそうです。

また、想像してみてください。あなたが亡くなられたあと、残された奥様が一時払いで6000万の死亡保険金を受け取った時のことを。もしかすると奥様は、大金を手にして人生を狂わせてしまうかもしれません。

しかし、毎月25万円ずつ20年間もらえる保険では、そのようなことにはならないでしょう。死亡保険金が、まるで月給のように支払われてくるのですから。

残される家族の将来を案じるのであれば、子供の学費や葬式費用は一時払いで受け取れる保険で積み立てておくのがよいでしょう。しかし、残された家族の毎月の生活資金は年金払いにしたほうがよいのです。保険は、一時払いで受け取る部分と、年金払いで受け取る部分を分けて考えると、さらに安心感が増していきます。

家族のために保険を残す側が、そういった点まで意識したいものです。

24・生命保険は相続対策に有効ってホント？②（民法上の相続財産ではないってホント？）

遺産相続が発生すると、残された遺産を誰がもらうのかを話し合って決めなければなりません。この話し合いを「遺産分割協議」といいますが、この話し合いが一筋縄でいかないのです。

遺産は、法定相続人が法定相続分に則って分配すれば、なにも問題が起こることはありません。さらにこのとき、遺産が現金だけならば、分けることは難しくありませんが、当然、遺産には土地・建物、宝石や美術品など、売却しないと分けられないものも含まれてきます。分けることのできない遺産が多いと、相続はすんなりとはいかない様です。

さらに、亡くなられた方が一方的な遺言を残した場合、遺産分割協議がこじれる場合が多々あるのです。たとえば、妻や子どもがいるにもかかわらず、

「全財産を愛人へ」

などという遺言書があっても素直に納得できる方などいませんし、もともと法定相続人には遺留分という民法で定められた、最低限確保できる相続分があります。このように、遺産分割協議が紛糾した場合、遺産相続に時間がかかってしまうのですが、このようなと

死亡保険金のメリット

死亡保険金は受取人を指定することで、必要な人に直接遺すことが可能となる

遺産分割の対象とはならない

民法上の相続財産ではないため、相続放棄をしても受け取れる

きに役立つのが生命保険なのです。

生命保険は、「保険契約者」「被保険者」「死亡保険金受取人」を必ず決めてからでないと、加入できません。現金には持ち主の名前を書き込むことはできませんが、生命保険は受取人の名前を付けることができるのです。

そのため、死亡保険金が支払われた時点で、死亡保険金は受取人固有の財産となります。死亡保険金は、「民法上の相続財産」ではないのです。つまり、先ほどの遺産分割協議で話し合われることもなく、受取人のものとなります。

ただ「民法上の～」とあるように、税法上では相続財産と見なされます。そのため、税法上では「見なし相続財産」と呼ばれているのです。

生命保険は、亡くなられた方が、自分が死亡

した時に備えて、遺族に残す財産で、生きている間は手元にあるわけではありません。ですが、被保険者の死亡と同時に、相続人が受け取れる財産です。当然、金銭の授受がありますので、国税庁も何かしらの税を掛けなくてはなりません。そこで、この死亡保険金を一般的な相続財産ではなく、税金を課するときだけ相続財産と「見なして」、税が掛けられています。

生命保険のメリットは沢山ありますが、何といっても、「死亡保険金は受取人を指定することで、必要な方に直接遺すことが可能となる」が一番に挙げられるのです。

【事例】

神奈川県在住のMさん（69歳）には、一男一女のふたりの子どもがいます。奥様を4年前に亡くしましたが、現在は自宅で長男一家と同居中で、孫を入れて一家4人で幸せに暮らしています。

しかし、そんなMさんにも悩みがあります。嫁いでいった娘が遊びに来ては、「お兄ちゃんはいいわね。実家暮らしだと家賃も掛からないし……」

そんな愚痴をこぼすのです。どうも、ご主人が経営する会社の業績が悪化し、生活が苦しいようです。

そこでMさんは、自分が亡くなった後、兄妹で争うことになってしまうのではと相続について考えるようになりました。

Mさんには、自宅の土地建物が5000万円、その他の金融資産が3000万円ありました。ただ自宅は、将来も長男夫婦も住み続ける予定ですし、売却することはできま

特別受益

相続人のなかで、被相続人から生前に贈与などの利益を受けていた場合、相続人の間で不公平が生じます。そこで、不公平にならないように定められたのが、「特別受益」です。相続人が被相続人から生前に贈与された利益は、遺産分割で受け取る財産の「前渡し」として計算されます。特別受益を受けた方は、その利益を相続財産に加算しなければなりません。特別受益には、「結婚式などの持参金や支度金」「家の購入資金」「土地の贈与」「現金の贈与」などが含まれます。しかし生命保険だけは、「よほどの不公平感がない限り特別受益にはならない」と、平成16年10月29日に最高裁判決が出されました。

せん。そのため、長男に自宅を与え、長女に金融資産を与えるしか方法がないのですが、これだと長男より長女の相続財産が法定相続分の½より少なくなるため、長女が納得しない事が予想されます。

そこで、一時払いで2000万円の生命保険に加入して、長男に死亡保険金を残し、それを長女への代償交付金として活用させることにしたのです。この、代償交付金とは、相続人のうち一方が被相続人の財産を取得し、その代償として他の相続人に金銭を渡す方法です。

Mさんは、一時払い保険料2000万円、死亡保険金も2000万円の生命保険に加入したため、財産が6000万円に減少しています。この時、Mさんに万が一のことがあれば、2000万円の生命保険が、長男固有の財産として保険会社から支払われるのです。生命保険は、「相続財産にあたらない」ためです。

その後、遺産相続で長男が土地建物5000万円を相続し、長女が1000万円を相続します。ここで、長男固有の財産である保険会社から支払われた死亡保険金2000万円を、代償交付金として長男から長女に渡すのです。こうすることで、長女は、3000万円を相続し、長男は5000万円相続しましたが、長女に2000万円を渡しているので、長男も正味では3000万円相続したことになります。

「でも、長男は土地建物5000万円と、生命保険2000万円を受け取っているのだから、不公平では？」

と思われる方も出てくると思われます。

しかし、平成16年の最高裁判決により、「死亡保険金は原則として特別受益（212ページ参照）に当たらない」との判例が出されているです。

この裁判で、「死亡保険金が特別受益に当たる」との、まったく逆な判決が出ていれば、Mさんの相続財産は8000万円に増え、長男があと1000万円を長女に支払う義務が生じたのです。

しかし、右の判例が出ているため、各相続人の相続額は、3000万円ずつで平等になります。死亡保険金は受取人を指定することができる上に、民法上の相続財産にも当たらないため、このような活用ができるのです。

また、もうひとつ大きなメリットがあります。それは、

「生命保険は、民法上の相続財産でないため、相続放棄しても受け取れる」

と言うものです。

亡くなられたご主人に借金がある場合、奥様が遺産相続をすることでご主人の借金まで相続してしまいます。たとえ、奥様に生命保険を残してくれていたとしても、ご主人の借金を相続してしまうと、死亡保険金が借金の形《かた》に取られてしまうのです。

このようなとき、奥様は相続放棄を選択すれば、借金を背負う必要がなくなるのです。さらに、死亡保険金は受取人固有の財産なので、相続放棄をしても全額受け取ることができます。奥様も、ご主人の借金から逃れることができ、死亡保険金を元手に、人生をやり直すことができるのです。

生命保険は、相続時の現金を調達するためにも役立ちますし、さらに多くのメリットがあります。ただ、加入形態によって、税金の種類が変わりますので、その点だけは、注意が必要です。

25・遺言は保険証券に記載された死亡保険金受取人より優先されるってホント？

実は、２０１０年までは、遺言による死亡保険金受取人変更に関する規定がありませんでした。それまでは、被保険者が亡くなられた時に、受取人変更を示唆する遺言が見つかれば、保険会社は生命保険証券に記載された死亡保険金受取人に対して同意の確認を行なっていたようなケースもありました。ただ、遺言により受取人となった方との間で感情的な諍《いさか》いも多く、死亡保険金の支払いが遅れるなどのトラブルが多かったと言います。

しかし、２０１０年４月１日に施行された新しい保険法により、遺言で生命保険の受取人を変更することができるように決められたのです。このおかげで、今は遺言に書かれた死亡保険金受取人が、保険証券に記載された受取人より優先されることになったのです。

くどいようですが、保険は加入する際にあらかじめ「保険契約者」「被保険者」「死亡保険金受取人」を決めておかなければなりません。保険契約者と死亡保険金受取人は、何度でも変更が可能です。また、死亡保険金受取人は契約者の遺志で自由に決めることが出来ますが、ただ死亡保険金受取人は、誰でも自由に指定できるわけではありません。

死亡保険金受取人に指定できるのは、「配偶者」と「二親等以内の親族」と、おおむね決められています。二親等以内の親族とは、両親と子ども、祖父母、兄弟姉妹、孫となります。

なお、おおむねというのは、この規定は保険会社によって差があり、一部の保険会社では内縁の妻まで入れられる場合があるからです。

ではなぜ、配偶者と二親等以内の親族だと自由に死亡保険金受取人を変更できるのに、遺言に頼るのでしょうか？　誰もが想像するのは、死亡保険金受取人の変更をしたいけれど、家族には内緒にしたいというものでしょうが、実際にはそのようなケースはほんの一握りの方のようです。

【事例】

大阪市在住のFさん（72歳）は、自身が一代で立ち上げた会社の社長です。72歳となった今も現役で、会社経営に携わっています。Fさんは15年前に奥様と死に別れ、10年ほど前からY子さん（63歳）と暮らしているのです。ただ、日常生活でY子さんは、Fさんの苗字を名乗っていますが、正式に籍は入れていません。ふたりは内縁関係なのです。

実は、FさんがY子さんを後添えに迎えるため息子と娘に紹介したのですが、子どもたちは大反対。そこで結婚は諦め、事実婚を選択したのでした。

ただ、今では息子と娘も、Y子さんに心を開き入籍の障害はなくなっています。それでも、FさんとY子さんは入籍しないことに決めているのです。

当初、息子と娘は死んだ母親への思いもあったそうですが、最大の障壁となったのはY子さんが「父親の財産を狙っているのではないか」と言うことだったのです。ふたりが再婚すると、遺産の多くが配偶者のものとなるため、子どもたちはそれも嫌がっていました。

この、子どもたちの気持ちを伝え聞いたFさんは、Y子さんと相談し、入籍という形を取らないことを決めました。しかしFさんとすれば、自分の死後のY子さんの生活が心配です。

そこでFさんは、会社の権利や自宅の土地建物は息子に継がせることにし、娘には生前贈与として家を買い与えたのです。

そして、Y子さんには生命保険を残すことにしたのです。

しかし、ふたりは内縁関係のため入れる保険が少なく、さらに加入できる保険金が小さかったのです。そこで、

「保険契約者＝Fさん、被保険者＝Fさん、死亡保険金受取人＝息子」の形態で一時払い

の生命保険に加入し、遺言で死亡保険金をY子さんへ譲ることにしました。

当然、息子さんも了承済みで、Y子さんも納得しています。


実は最近、高齢者カップルの間で内縁関係が増えています。

配偶者と死別や離婚した方が、老後を案じて再婚を考える際、そのまえに立ちはだかるのが相続の問題なのです。高齢な親の再婚は、介護の心配を減らしてくれますが、子どもにとっては、もらえる遺産が確実に減るのです。

そこで、籍を入れずに、内縁関係を選択するのです。内縁関係だと遺産相続で揉めることはありませんので、子どもも安心できます。

さらに親の老後を見てくれる方に対して、不動産は渡したくなくても、

「保険ぐらいは、少しでも残してあげた方がよいのでは」

と考える方が増えているそうです。

結婚を選択する代わりに、老後の資金として死亡保険金を残したい方が増える一方、今は第三者受け取りがまずできなくなっています。それは、第三者受け取りを認めると、いわゆる死亡保険金殺人などの犯罪に利用される恐れがあるからです。

そのため死亡保険金受取人は「配偶者と二親等以内の親族」におおむね制限されているのです。

先にも記しましたが、一部の保険会社では内縁関係でも受取人になれる会社もあります。ただ、「死亡保険金の額面」や「ふたりの同居年数」、「住民票が一緒でなくてはならない」など制約も多くあります。

そのような場合に、遺言で死亡保険金を残してあげる選択肢があるのです。

ただ、「愛人に死亡保険金をあげたい」などの理由ですと、遺族と愛人の間に遺恨が勃発しそうです。死亡保険金を残す本人は、すでに亡くなっているので関係ないかもしれませんが、死亡保険金を残す際は、あとあと揉めない努力はしておくべきです。生命保険証券に記載された死亡保険金受取人に対しても、遺言で受取人を変更する旨を説明しておけば、争いは回避できるのです。

なお、遺言で生命保険の受取人を変更する場合は、先に保険会社へ受取人変更の遺言があることを知らせておいてください。そうしておくと、保険会社は、生命保険証券に記載された受取人が来ても、死亡保険金の支払いをストップします。

保険会社は、契約者から連絡がなければ遺言の有無がわかりませんし、生命保険証券に記載された受取人に払ったあとに、認められた正当な受取人から死亡保険金を請求されたとしても、二度払う必要はありません。本来なら、保険会社は生命保険証券に記載された受取人に死亡保険金を支払えば仕事は終わります。その後、生命保険証券に記載された受取人が、遺言で認められた正当な受取人に渡さなければならないのです。

　このような、万が一のトラブルを避けたいのであれば、遺言の有無を保険会社に知らせておくのがいいでしょう。

あとがき

突然、雨に降られた時、ビニール傘はコンビニなどで手軽に買えます。しかし、強風が吹き荒れると、ビニール傘はすぐに壊れてしまいます。また、骨の数が多い大きな傘だと、強風が吹き荒れても壊れることなく、雨にも濡れにくくなりますが、雨が止むと持ち運びが不便です。

保険も、雨傘に似ているところがあります。安くて手軽に加入できる保険は、ビニール傘と同じで、長期間持ち続けるには適していません。また、大きな傘は安心感はありますが、値段が高くなってしまいます。

どちらの傘を選ぶのかは人それぞれですが、一生涯を考えるのであれば、多少高くても丈夫で長持ちする傘を買う方が、将来的には得するでしょう。若い頃は、ビニール傘でもいいですが、未来は変わります。保険加入も、今だけを考えるのではなく、将来を見据えて決めなければならないのです。

ところが近頃は「掛け金が安い」など、価格競争が全面に出てしまっているのです。先の見えない、不況の時代だから仕方がないことかもしれません。でも、先が見えない時代だからこそ、未来を見通す目が必要になってくるのです。

保険加入は、インターネットで簡単にできますが、人と人との係わりは生まれません。他人に自分の将来を託さなくても、「自分の将来は自分で考える」と言う方もいるでしょうが、あなたの将来を一緒になって考えてくれる「ライフアドバイザー」の存在こそ、未来を見通す目となるのです。この未来を見通す目は、保険販売担当者の知識と経験で培ったものなので、人と人の関わりが薄いネット型や来店型ショップでは手に入れることは困難でしょう。保険加入を考える際は、このような目に見えない部分も大切となってくるのです。

●筆者紹介
保険実践販売研究会　（ほけんじっせんはんばいけんきゅうかい）

生命保険の販売・提案方法の研究組織。メンバー全員が生命保険販売および販売担当者指導の経験を持つファイナンシャルプランナー資格保有者で、日々「お客様目線」に立った保険の販売・提案方法を研究している。

宝島社新書

知らないと後悔する
生命保険のウソ・ホント25
（しらないとこうかいする　せいめいほけんのうそ・ほんと25）

2015年2月24日　第1刷発行

著　者　保険実践販売研究会

発行人　蓮見清一

発行所　株式会社宝島社

　　　　〒102-8388 東京都千代田区一番町25番地
　　　　電話：営業　03(3234)4621
　　　　　　　編集　03(3239)0646
　　　　http://tkj.jp
　　　　振替：00170-1-170829　㈱宝島社

印刷・製本：中央精版印刷株式会社

本書の無断転載・複製を禁じます。
乱丁・落丁本はお取り替えいたします。
© HOKEN JISSEN HANBAI KENKYUKAI 2015
PRINTED IN JAPAN
ISBN978-4-8002-3604-3